786

Für alle Kinder die waren und sind

Pema Marschall

Ich bin
investiert!

Selbstwert und Erfolg an der Börse mit Aktien für sehr kleines Geld

Kleines Mentoring für Andersdenker

Penny Stocks als echte Chance für persönliche Entwicklung

Bibliographische Informationen der Deutschen Nationalbibliothek: Die Deutsche Nationalbibliothek verzeichnet diese Publikation in der Deutschen Nationalbibiliografie; detaillierte bibliografische Daten sind im Internet über dnb.dnb.de abrufbar.

1ste Auflage

© 2019 Pema Marschall
Photo on front by fabian blank on unsplash
Photo on back by cerqueira on unsplash

Herstellung und Verlag:
BoD – Books on Demand, Norderstedt

ISBN: 978-3-738-62914-9

Inhaltsverzeichnis

Einleitung 7
Wichtig 8
Lebensumstände 11
Investieren 12
Reichtum hilft nicht 29
Investieren und Selbstkontrolle 38
Selbsterkenntnis 40
Mangelbewusstsein 47
Meine erste Investition 53
Doch alles beim Alten 55
Potentialentfaltung durch Investment 58
Verdient? 64
Glücksspiel 67
Gebühren 69
Nummer sicher 73
Lernen ist Investition 75
Verlust 79
Schwäche + Stärke = eine Medaille 82
Balance von Wunsch und Realität 84
Gehirn und Reife 86
Frust 93
Neid 98
Sparsamkeit 102

Impulse	104
Lernebene als Kernebene	106
Selbstständigkeit	107
Werkezeuge	111
Aktien	117
Informationen	123
Kennzahlen	125
Herausforderungen und Möglichkeiten	129
Geld + Charakter	131
Keine Wahl	134
Schule = Erfolg = Mythos	138
Entwurzelt	142
Mut	148
Sich fragen	151
Wohlstand - unser Denken auf die Füße stellen	153
Nachrichten	158
Jetzt	161
Wertschätzung	169
Ein paar Fragen	171

Wenn wir den eingeschlagenen Weg nicht ändern,
werden wir da ankommen, wo wir hingehen.
(chinesisches Sprichwort)

Einleitung

Armut ist ein Muster und eine Haltung.
Statt mit einer Menge spiritueller oder mentaler Techniken zu versuchen, dieses Muster zu unterbrechen, was mir fast zwanzig Jahre lang nicht gelang, habe ich beschlossen, dieses Muster mit dem Kauf von Aktien zu unterbrechen und so durch eine Handlung zu einer neuen Haltung zu gelangen.
Handlung und Haltung sind auf das Engste miteinander verknüpft, so dass wir durch das eine die Möglichkeit haben, das andere zu beeinflussen.

Das vorliegende Werk beschäftigt sich mit der Prägung von Mustern und auch mit einem unkonventionellen Weg heraus. Exemplarisch stelle ich Ihnen meinen Lebensweg und mein Denken zur Verfügung, jedoch so verallgemeinert, dass Sie selbst Ihre Schlüsse ziehen können. Das ist der Grund, warum ich Ihnen keine Schritt-für-Schritt-Anleitung mitgeben möchte. Ein ganzheitliches Buch kann nicht fragmentarisch nur ein Thema behandeln.

Wichtig

Nachdem ich als Begleiterin für Potentialentfaltung erkannt hatte, dass ich immer Möglichkeiten habe, Dinge zu verändern, wenn ich nur weiß wie, beschloss ich, meine Armut zu beenden.
Der Ansatz als Mentorin war bis dahin, durch eine neue Haltung zu neuem Handeln zu gelangen, die dann das Umfeld neu zu prägen beginnt. Das Umfeld wiederum wirkt dann zurück. Die Arbeit an der eigenen Haltung bewirkt eine Veränderung des Umfelds, und die Lebensqualität wächst.
Mit dem Ansatz der veränderten Haltung bin ich anfangs in Sachen Finanzen aber nicht in dem Tempo weitergekommen, wie ich es mir gewünscht hatte.
Da auf anderen Ebenen dieses Vorgehen hervorragend funktionierte, hat es noch eine ganze Weile gedauert, bis ich durch einigen Versuch und Irrtum eine Ahnung bekam, wie genau das gehen kann; und auch

warum diese Technik „in Sachen materieller Entwicklung" *nicht* so ohne Weiteres funktioniert.

Erst nachdem ich eine gängig anerkannte Philosophie gegen eine weniger anerkannte tauschte und auch *praktisch* anwendete, konnte ich auf materieller Ebene eine Veränderung herbeiführen.
Deswegen habe ich beschlossen, ein einfaches Buch für jeden zu schreiben, das Mut machen soll, an die Börse zu gehen.
Da auch Reiche unter Automatismen leiden, ist das Buch generell als Impuls gedacht, eine neue Richtung einzuschlagen.

Weil ich meinem Schreibfluss zuliebe durchweg die alte, maskuline Form der Sprache nutze, möchte ich betonen, dass mir Genderthemen sehr bewusst sind, ich mich davon aber nicht beherrschen lassen mag. Selbstverständlich meine ich Frauen und Männer gleichermaßen. Auch die Trennungen mancher Worte sollen lediglich deren Sinn unterstreichen und sind keine Trennungsfehler.

Die Ratgeber für finanziellen Erfolg werden in der Regel und Sinnvollerweise von Menschen geschrieben, die finanziellen Erfolg hatten. Das macht es allerdings für finanziell ungebildete und arme Menschen fast unmöglich, zu glauben und nach-zu-vollziehen was sie da lesen. Meist wagen sie sich gar nicht erst an solche Bücher heran. Nachahmung fällt auf solchem Niveau natürlich meist schwer.

Weil die Basis, von der aus diese Bücher geschrieben sind, eine andere ist als die Basis für dieses Buch und weil ich noch nicht am Ziel angekommen bin, schreibe ich dieses Buch als Brücke. Sie sind vielleicht bald so inspiriert, dass Sie Bücher von Koryphäen des Geldvermehrens lesen wollen.
Ich habe mich auf den Weg gemacht und nehme Sie ein Stück mit auf den Weg, damit Sie sehen und glauben können, was unsere Wurzeln mit unserem finanziellen Status zu tun haben, auch wenn wir sonst widerstandsfähig oder sogar zufrieden sind.

Börsengrößen wie Peter Lynch, Warren Buffett, Beate Sander und für ganz allgemeine finanzielle Bildung auch Robert Kiyosaki, sind eine kleine pragmatische Auswahl, um tiefer in das Wissen einzusteigen, wie man Geld für sich arbeiten lässt. Und ich ergänze: … und sei das Kapital auch noch so klein.

Lebensumstände

Wenn man finanziell ungebildet aufwächst, hat man ein Problem. Zumindest ich hatte es. Ich wusste - wie alle naiven Heranwachsenden - dass ich zu etwas Größerem bestimmt war und mir keine Sorgen um mein Auskommen machen muss. Das ist jugendliche Dekadenz und trotzdem die richtige Haltung.
Dabei gibt es allerdings einen Haken, denn aus dieser Sicht funktioniert diese Einstellung nur, wenn man finanziell gebildet ist. Lebensumstände erzeugen die Lebenseinstellung, die Ein-Stellungen erzeugen die Haltung, die dann Muster bildet und konserviert. Muster sind unsere Automatismen, durch die wir den Alltag leicht bewältigen können. Durch Muster können wir aber manchmal sich verändernden Lebensumständen nicht mehr folgen. Wir sind quasi blind für neue Möglichkeiten des an die neuen Vorgaben des Lebens angepassten Handelns.

So ging es mir, als ich durch unerwartete Lebensumstände in der Upperclass verkehrte. Damals hatte ich absolut nicht das Gefühl, finanziell frei zu sein oder durch Geld innerlich frei werden zu können. Die Produkte meines bisherigen Lebens, meine

Muster, hatten mich fest im Griff. So geht es auch wohlhabenden Menschen. Also scheint die Lösung aus der finanziellen Armut, hin zu einem guten Leben, *nicht* allein darin zu bestehen, mehr Geld zur Verfügung zu haben.

Heute bin ich immer noch nicht reich, aber ich bin finanziell entspannter, weil ich die Euros, zu denen ich komme, für mich arbeiten lasse. Ich habe das Gefühl, dass ich jetzt die Zeit und Muße habe, das tun zu können, was ich tun möchte.

Ich muss es wahrscheinlich gar nicht erwähnen, aber weil dieser Punkt doch so wichtig ist und nicht genug betont werden kann, möchte ich grundsätzlich über das Investieren sprechen.

In einer Kultur der sozialen Absicherung ist dieses natürliche Verhalten weitgehend verloren gegangen.

Investieren

Aktienmillionäre sagen: Ich bin in.... investiert. Dieses „*ich bin*" investiert sagt mehr als viele Worte.

Wir alle waren einmal Kinder und haben Eltern. Sie machten uns zu dem, was wir sind und durch sie haben wir ein Grundgefühl im Leben erworben.

Die Herkunftsfamilie war unser Lebensumstand *und* unser Investor.

Da auch reiche Menschen unter mangelndem Selbstwert leiden, bleibt anzunehmen, dass auch sie durch mangelhafte Verhaltensweisen in ihrem Umfeld gewissen Schaden genommen haben. Ärmere trifft es aber in größerem Ausmaß, da sie zusätzlich unter einem sozialen Stigma leiden, dass vollends lähmend ist und von Potentialentfaltung abhält, welche für den Selbs*twert* wichtig ist. Selbstwert wird durch Bedingungslosigkeit und bedingungslose „Bejahung" der Eltern gebildet. Wenn eine Familie in Armut lebt, hat sie sich selbst gegenüber kaum ein bedingungsloses „JA" und erst recht wenig Zeit und Kraft, den Kindern bedingungslose Bejahung zu schenken.
Ich habe privat und in meinen Kursen sehr oft erfahren und gehört, dass es der Mehrheit der Menschen so geht, dass sie sich finanziell und innerlich nicht gut genug fühlen, um ihr Potential zu leben. Das liegt daran, dass sie nicht investieren und dass in sie nicht viel investiert wurde. Genau gesagt beginnt das Dilemma mit der mangelnden Investition der Eltern in die frühen Lebensumstände.

Investieren und investiv sein ist eine *generelle* Haltung, die sich nicht nur auf Geld bezieht. Es ist eine persönliche wie auch eine gesellschaftliche Kultur.
Es ist übrigens in *allen* Lebensbereichen unmöglich, eine Haltung oder Einstellung nur partiell zu „nutzen". Diese Erkenntnis ist im Verlauf der Lektüre dieses Buches sehr wichtig.
Zum Verständnis: Sie können nicht partiell, also teilweise verschlossen sein. Wenn Sie in einem destruktiven Umfeld leben, in dem Sie sich vor einem Menschen schützen müssen, wird dieser Schutzmechanismus auf andere Lebensbereiche übergreifen und langsam aber sicher wird Ihre Verschlossenheit alle Ihre Beziehungen und viele Lebensbereiche blockieren.
Wenn Sie sich in einem Lebensbereich wie ein Versager fühlen, wird das Gefühl unweigerlich Ihr ganzes Lebensgefühl durchdringen.
Ebenso, wenn Sie sich in einem Bereich großartig fühlen. Denn dann „wuppt" dieser alle anderen Lebensbereiche mit.

Dieser Mechanismus kann ganz allgemein zur Potentialentfaltung genutzt werden; somit auch für Ihre finanzielle Entfaltung. Durch Investieren.

Ein weiterer Mechanismus, der zur Potentialentfaltung allgemein und speziell genutzt werden kann, ist, dass unser Gehirn (und auch Bewusstsein) kaum unterscheidet zwischen passiv Erlebtem und aktiven eigenen Handlungen:

Fehlt ein wichtiges Element wie zum Beispiel Güte oder Nachsicht in unserem bisherigen Leben, können wir die Lücke schließen, indem wir selbst Güte oder Wohlwollen an uns praktizieren. Wurde nicht in uns investiert, so können wir die Lücke selbst schließen, indem wir beginnen, in uns und unsere Nachfahren oder das Leben generell zu investieren.

Ich habe Eltern, die mich und meinen Bruder aufzogen, wie es wohl die meisten westlich geprägten Menschen erleben:

Ein eigenes Zimmer von Geburt an, Fläschchen zum Durchschlafen, Impfungen, damit keine Krankheiten kommen und bei der leisesten Temperatur Fiebersenker. Bitte keine Unannehmlichkeiten und keine Mühe, wenn doch alles so einfach gehen kann. Diese Haltung des „es sich leicht Machens" vieler Eltern ist eine Grundstimmung, die das Kind ebenso spürt, wie eine junge Pflanze, die nur destilliertes Wasser und Kunstlicht bekommt.

Dass Krankenpflege eine Investition in Bindung ist, dass Stillen und gemeinsam im Bett schlafen eine Investition ist, daran denkt niemand, nicht einmal die, die als reflektierte Erwachsene all das zur Verfügung stellen. Meist wird das geborgene Setting aus Angst und Angst vor möglichem emotionalem Mangel angeboten, statt aus reiner Freude am Investieren.

Ohne an andere Möglichkeiten zu denken, gingen wir in eine staatliche Schule, alles andere hätte ja Geld gekostet. Musikunterricht, Reiten oder sonstige kostspielige Kurse durften oder konnten wir nicht besuchen.
Zu unseren Schulangelegenheiten kam niemand, es wäre zu unbequem gewesen. Es hat einfach nicht interessiert. Keine meiner kleinen Geschichten oder Gedichte wurde interessiert gelesen und meine Bilder nur halbherzig angesehen. Wir waren ja nur Kinder und somit unsere Belange alles andere als ernst zu nehmen. Selbstverständlich ohne bösen Willen, sie kannten es nicht anders.
Meine Eltern haben in einem Brennpunktgebiet gebaut, weil es dort staatlich gefördert wurde und somit billiger war.

Man kann sich meine Schule vorstellen und damit die Bildung und das Umfeld, in dem ich aufwachsen musste. Ich weiß nach vielen Jahren Abstand, dass es wie ein Klischee wirken muss, kaum zu glauben, aber es ist eine Epoche meines Lebens. Menschen sprangen von den Hochhäusern, Menschenhandel, Drogen, Schlägereien und prügelnde Eltern waren Standard. Und es ist nicht so, dass Heranwachsende nicht darüber reden, was in ihrem Umfeld passiert. Es ist jedem bewusst.

Die Schule und vor allem der Unterricht waren wie aus einem schlechten Film.

In meiner Jugend starben etliche Gleichaltrige, mehr oder weniger direkt an oder durch Unfälle mit Drogen. Über diese „Subkultur", die gar nicht mal eine Minderheit darstellt, wird kaum berichtet.

Meine Bekannten waren hauptsächlich Russen, Nordafrikaner, diverse andere Nationalitäten und arme Deutsche.

Ich hatte, da ich nirgends zuzuordnen war, bei all diesen Kreisen eine Sonderstellung. Ich war sozusagen neutral und konnte somit liebevoll geschützt, kleinmafiöse Strukturen verschiedenster Art kennenlernen.

Da ich folglich nicht sonderlich „gebildet" war, wurde mir besonders von meinem Vater täglich klar gemacht, dass ich nichts wert war. Wegen mangelnder „Leistung" wurde mir jeder Tag zur Hölle gemacht, jedoch ohne dass in meine Bildung investiert wurde. Ab der vierten Klasse habe ich aufgehört, Hausaufgaben zu machen, wohl weil meine Mutter aufhörte, sie für mich zu erledigen. Heute denke ich, sie machte die Aufgaben für mich, weil sie meine (Frust-) Gefühle und Widerstände nicht aushalten konnte.

Das die Beherrschung von eigenen Gefühlen und Aushalten von anderer Leute Gefühlen ein wichtiger Baustein auch für Aktienerfolg ist, werden wir noch sehen.

Ab der 6. Klasse nahm ich keine Schulsachen mehr mit in die Schule.

Zu dieser Zeit fand ich eine alternative bzw. esoterische Buchhandlung und machte mich allein auf den Weg des Hinterfragens. Ich las mit 12 Jahren Bücher über Verletzlichkeit, Überwindung der Polarität, über Religionen, Heilmethoden usw.

In den Neunzigern war das noch nicht so hipp wie heute und als Kind nahm mich auch von den „suchenden" Erwachsenen keiner ernst oder begann

eine Freundschaft mit mir. Mit Ausnahme von Dag einem 15 Jahre älteren Künstler, den ich nicht mehr treffen durfte, weil meine Eltern sich sorgten.
Dennoch hatte er einen stabilisierenden Einfluss auf mich, da ich durch sein Vorbild nicht völlig an mir zweifelte.
Ich war ein kompletter Sonderling, immer und überall. Schule war bei mir nun vollkommen unten durch, die neu entdeckten Bücher sprachen von ganz anderen Möglichkeiten. Meine Mutter sagte mir, sie könne nicht glauben, dass ich ihr Kind sei, nachdem ich mehrere Male versuchte, mit ihr über Themen zu sprechen, die mich interessierten. Ich konnte bald ebenfalls nicht mehr glauben, dass das mein Leben sein sollte.

Trotz guten Einkommens und nach außen intakter Familie, eigenem Haus und weiterem Eigentum war ich vernachlässigt und psychisch schlecht behandelt. Mein Leben war ebenso traurig, wie das der anderen Brennpunktkinder.
Bei denen stimmte wenigstens das innere mit dem äußeren Bild überein und sie waren glaubhaft.
Meine Eltern waren nicht geschieden, niemand saß im Gefängnis, wir hatten ein Auto, ein eigenes Haus und

mein Vater eine gute Arbeit. Meine Mutter musste kein Geld verdienen und war immer zuhause ohne arbeitslos zu sein. Wir fuhren jedes Jahr in Urlaub. Wenn ich erzählte, dass ich zuhause unglücklich war und mir die Arme ritzte, verstand niemand so recht warum. Ich möchte jetzt nicht von meinen Erlebnissen sprechen, Sie müssen mir wohl einfach glauben, dass mein Umfeld ehr ein Griff in die Tonne war.
Ich war meinen Eltern eine Last, finanziell wie nervlich, eine Bürde statt ein Investitionswert.
Mir war bei den unguten Zusammentreffen mit meinen Eltern und meinem aussichtslosen Umfeld klar, dass ich nichts wert war, weil ich es nicht schaffte, mich wertvoll zu verdienen. Ich spreche von einer Erkenntnis, die ich bereits als Grundschulkind verinnerlicht hatte, nicht erst als „schwierig" werdende Jugendliche.

Wegen meiner „Freunde" machten mir meine Eltern das Leben noch schwerer, aber da sie nicht im mich investierten, konnte ich meine Zeit nicht auf dem Reiterhof oder im Tennisclub verbringen.
Da sie mir weder Nachhilfe noch eine bessere Schule ermöglichten, war ich in der Jugend eben nicht mit netten Abiturienten unterwegs, sondern mit den

Menschen, die gerade so in meinem Umfeld auftauchten. Das wurde täglich erfolglos bekämpft. Dieses „nicht erkennen oder klar sehen, was sich zeigt" und nicht einordnen und nicht-handeln-können meiner Eltern, ist durch dieses Dilemma erkennbar. Zwischen dem was man gerne sähe und dem, was sich tatsächlich zeigt zu unterscheiden und die Diskrepanz zu erkennen und sie sich einzugestehen, ist wirklich eine hohe spirituelle Herausforderung.

Wenn ich heute mit jungen Eltern meiner Generation aus meinem weiteren Umfeld spreche, höre ich ähnliche Vorwürfe gegenüber ihren Kindern:

Die Freunde sind nicht die richtigen, Drogen sind allgegenwärtig, die Kinder lernen nicht genug, um gut in der Schule zu sein, die Kinder verbringen zu viel Freizeit mit Medien, die Schule taugt eh nichts usw. Leider scheint sich in den letzten 30 Jahren nicht viel geändert zu haben, was die Kultur des Investierens angeht.

Ist das der Grund, warum die „Schere" immer weiter aufgeht? Ist diese Haltung beteiligt an der Entstehung von immer mehr Pflegeeinrichtungen für ältere Menschen? Liegt es daran, dass Menschen nicht mehr in ihr eigen Fleisch und Blut setzten?

Ich beobachte, dass Eltern ihr Geld eher in ein schickes Auto, Urlaube oder die eigene Altersvorsorge in einem guten Pflegeheim stecken, statt in die realen Lebensumstände ihrer Kinder.

Ist eine solche Haltung schuld, dass Eltern von ihren Kindern ins Pflegeheim gesteckt werden? Ein Mensch muss erst mal in der Lage sein, einem Fremden sowas anzutun, wie kann das mit den eigenen Eltern passieren?

Besteht ein Zusammenhang, weil die Menschen nicht mehr in ihr eigenes Fleisch und Blut setzen?

Es herrscht keine Atmosphäre des Investierens in der breiten Bevölkerung.

Die meisten jungen Erwachsenen müssen mit Null bei Null beginnen.

Und das ohne finanzielle Bildung; besser ausgedrückt: mit einer mangelnden Investitionsbildung und - Haltung.

Es gibt diesbezüglich nur wenig Unterschied zu den Trümmerfrauen nach dem Krieg. Dieses Muster „mit Null bei Null" ist ein Nachkriegs- oder Mangelmuster, wenn auch auf höherem wirtschaftlichen Niveau. Wegen fehlendem Klarblick war ich zuversichtlich, dass ich, obwohl offensichtlich eine Niete in der

Schule war, irgendwann reich werden würde, auch als Schul-versagerin.

Heute weiß ich, dass ich weder eine Ahnung von Reichtum noch ein Gefühl für Geld hatte, geschweige denn ahnte, dass etwas investiert werden muss, wenn Früchte geerntet werden wollen.

Wieviel Geld mein Vater verdiente, was er damit tat, wie das Haus abgezahlt wurde und wie man spart, war mir nicht klar, da mir niemand Geld gab oder mich zum Sparen animierte. Niemand sprach mit mir „Kind" über Geld.

Dass mein Vater seit Jahrzehnten Aktien besitzt, erfuhr ich erst mit vierzig Jahren.

Ich durfte all das nicht wissen, es war ein Geheimnis, genau wie die Partei, die meine Eltern wählten.

Sonntags saßen wir bei Braten und klassischer Musik und Kerzen zu Tisch und hatten nichts zum Reden, weil alles in Eskalation münden würde. Mein Vater war unbeherrscht und wir hatten ausnahmslos alle Angst vor ihm. Durch uns spürte er - wie viele Eltern - existenzielle Angst und großen Druck, was so unerträglich für ihn war, dass er ein nervliches Wrack geworden war.

Er hasste die Opfer, die er wegen uns bringen musste. Er litt unter seiner Arbeit, er tat das nur für uns und ließ uns das täglich sehr deutlich spüren.

Mit ein wenig Selbsteinblick, ermöglicht durch Selbstkontrolle, hätte er den wahren Grund für seinen Verdruss vor sich selbst eingestanden und hätte gar nicht mehr so respektlos sein *können*. Mit ein wenig mehr finanzieller Bildung wäre er nicht in dem Hamsterrad geblieben. Doch als Kriegswaise hatte er niemand, dem er nachtun konnte.

Meine Eltern und ich waren wahrscheinlich von Anfang an Fremde und auf Distanz. Daher kam auch keiner meiner Eltern auf die Idee, in mich zu investieren. Heute behaupte ich, sie hatten kein Bindungsverlangen, *weil* sie nicht in mich investierten. Sie haben Kinder bekommen, weil man halt Kinder kriegt. Wie wahrscheinlich fast alle Menschen auf diesem Planeten.

Also sind viele von uns unbewusste Produkte von unbewussten Menschen, was zur Folge hat, das wir uns das Geld aus der Tasche ziehen lassen und bereit sind, unsere Lebenszeit für ein paar Euro zu verkaufen. Wir sind uns unseres Wertes nicht bewusst und wir sind *daher* nicht in der Lage, Geld, das uns dienen soll und kann, für uns arbeiten zu lassen.

Meine Eltern sind nach dem Krieg in echtem Mangel aufgewachsen und haben sich etwas erarbeitet. Das war während des Wirtschaftswunders tatsächlich für einen kurzen Zeitraum möglich. Heute geht das nicht mehr, aber der Mythos vom „Erarbeiten" hält sich wacker. Der Glaube, dass Wohlstand durch (abhängige) Erwerbstätigkeit kommt, lässt etliche Menschen im Hamsterrad verzweifeln.

Zudem verstehen viele Eltern die Familie nicht als „Unternehmen", das erfolgreich sein kann, sondern als Selbstläufer, für den der Staat die Verantwortung trägt, was Bildung, Lebensweise, Auskommen und Bereitstellung von Arbeitsplätzen angeht.

Ich erwähne das alles nur, weil ich sicher weiß, dass es Millionen Menschen so geht wie mir und weil ich weiß, dass diese kollektiven Erfahrungen Armut produzieren und viel zu wenig an- und ausgesprochen werden. Armut ist nämlich ziemlich beschämend.

Ich erinnere mich an den Lehrer, der in der 5. Klasse mein Klassenlehrer wurde und der nach seiner Vorstellung sagte: „Ich möchte, dass Ihr Euch im Klaren darüber seid, dass es in dieser Welt Schichten gibt. Das sind Menschen, die in den Hochhäusern wohnen und keine Arbeit haben und die andere

Schicht sind die, denen es ganz gut geht. Die finanzieren die unterste Schicht. Schule kann euch helfen, von der untersten in die mittlere Schicht zu kommen." Bis auf wenige Ausnahmen, zu denen ich zählte, fühlte ich, wie es beschämt still um mich herum wurde. Wem sollten diese 11 Jährigen die Schuld daran geben, zur Unterschicht zu gehören? Zu der Last der Scham kommt noch die Schuld, wenn man auf die eigene Herkunftsfamilie zeigt.

Also lieber schweigen und so tun, als sei alles in Ordnung. So tun es ja alle.

Wie bereits erwähnt, unsere Meinungen und Haltungen erzeugen Gefühle, die alle Lebensbereiche durchdringen.

So kann auch die Haltung und das Gefühl des Investierens nicht nur auf einen kleinen Lebensbereich, das Geld, angewendet werden. Dieser Sachverhalt ist sehr ernst und muss verstanden werden, denn erst dann kann ein reifer Mensch neu und selbstbestimmt handeln.

Bei mir war es der mitgegebene Unwert, der lange verhindert hat, dass ich finanziellen Wert schöpfen konnte, da ich es mir gar nicht wert war, etwas zu investieren.

Erkenntnis über die Tiefe des „Investierens als Haltung" ist die absolute Grundlage für eine finanzielle und generelle Verbesserung der Lebensqualität, selbst für diejenigen, die aus verschiedensten Gründen mal eben zu Geld gekommen sind.

Meist überlebt der kurzfristig geschaffene Wohlstand ohnehin keine zwei Generationen, er ist nicht nachhaltig, weil die Grundhaltung und die Fähigkeit fehlt, die eigenen Nachkommen zu finanzieller, investierender und investigativer (aufgeweckter) Intelligenz zu erziehen.

Betrachte ich die Familien, die aktuell ein recht gutes Auskommen haben, so kann ich sehen, was ich eben beschrieb:

Die Kinder gehen auf eine schlechte Schule, die Eltern meckern, aber keiner macht etwas anders. Die Kinder sind verwöhnt und lernen trotz vorhandenem Geld nichts über Finanzen. Ganz wie in meiner Biographie. Die Eltern wollen den Kleinen eine „unbeschwerte Kindheit" ermöglichen.

Oder sich selbst ein angenehmes Leben, denn eigentlich geht es ihnen darum, den Kindern eine Kindheit ohne Frust zu ermöglichen. Frust von anderen zu erleben ist extrem unangenehm, besonders wenn es sich um Frust des eigenen Nachwuchses handelt.

Der gesellschaftliche Druck, äußerlich nicht aus der Rolle zu fallen, verstärkt die Dynamik, Frust zu vermeiden.
Man würde ausgestoßen aus der dörflichen oder familiären Gemeinschaft, wenn man so elitär ist, sein Kind auf eine Privatschule zu geben oder mittags zu einem besseren Verein zu chauffieren. Ich selbst habe das alles sehr deutlich zu spüren bekommen. Ich sehe es auch bei anderen Familien, die ihre Kinder auf Privatschulen bringen. Sie werden im Dorf auf Abstand gehalten.
Ich wurde ernstlich gebeten, meinen Kindern zu befehlen, beim Sport nichts von ihrer wunderbaren Schule zu erzählen, damit die anderen Sprösslinge nicht auf die Idee kommen, auch auf diese Schule zu wollen. Das würde Geld kosten, das man lieber in etwas Besseres steckt.
Sich außerdem mit den Fragen und den Gedanken vom querdenkenden Nachwuchs auseinanderzusetzen, ist zusätzlich unbequem und kostet Zeit.

Als Tagesmutter vertrauen Menschen mir ihre Kinder an, würden mir aber nie und nimmer ihre Geldkarte mit PIN oder die Erbstücke treuhänderisch überlassen. Die Prioritäten sind damit eindeutig.

Reichtum hilft nicht

Als ich mit 18 als Azubi zur Arzthelferin aus meinem sehr repressiven Elternhaus auszog, hatte ich bald einen Partner aus einer asiatischen High-society Familie.
Ich dachte allerdings bis kurz vor unserer Hochzeit, dass seine feine Art rein kulturell sei und dass er in seiner Heimat sicher sehr einfach lebe. Anders konnte ich es mir nicht vorstellen. Die Dokumentationen, die ich mir über sein Land ansah, vermittelten mir das Gefühl, dass die Menschen dort sehr, sehr schlicht leben. Dachte ich an sein Land, dachte ich an Bauern, Bambushütten und Reisfelder. Und ich freute mich darauf.

Als ich zur Verlobung hinflog und meine Modeschmuck-Mitbringsel auspackte, schämte ich mich schon, denn mir wurde schon bei der Abholzeremonie und am Verhalten der Angestellten vom Flughafen klar, dass ich einem Irrtum aufgesessen war. Ich bewunderte ab sofort meinen Verlobten noch mehr, der so wenig Snob war, dass er nie von seinem Reichtum erzählt hatte.

Später zogen wir in sein Land, da Asiaten in Europa nur sehr schwer Karriere machen können. Rassismus ist keineswegs zurückgegangen, er ist tatsächlich deutlich spürbar und im Berufsleben, vor allem in der männlich dominierten Führungsebene, zeigt sich das ganz besonders. Auch zeigte sich diese unangenehme rassistische Seite der Menschheit auch im alltäglichen Leben, so dass ich ganz froh war, Deutschland zu verlassen.
Mein Mann war jetzt angesehen statt ausgegrenzt und schlecht behandelt und ich hatte wunderschöne Kleider, Angestellte und alles, was ich wollte.
Mein Mann und die ganze Familie behandelten mich sehr gut, was für mich ebenfalls Neuland war. Familie war für mich bis dahin der Inbegriff des Schreckens. Ich war natürlich auch sehr angetan von dem Luxus und der Entspanntheit der Menschen, und fühlte mich ganz gesegnet, dass ich da hineingeraten war. Aber ich fand, ich hatte es verdient. Ich wusste ja schon immer, dass mir etwas Gutes passieren würde…

Es gab natürlich noch weitaus reichere Menschen in unserem Umfeld, sie hatten unvorstellbar viel Geld, viele Villen, Inseln, Krankenhäuser und Waisenhäuser. Abgesehen davon, dass wir uns mit diesen messen mussten, war Geld nun kein Thema, es war einfach da. Ich fühlte mich zunächst wie im Märchen. Doch bald machte sich mein Hintergrund bemerkbar.

Während in mich bislang nichts investiert worden war, umsorgten und liebten meine Schwiegereltern uns, nahmen uns ernst, besprachen Projekte mit uns und waren einfach nur großzügig. Sie investierten in uns. Das Investment, das mich am meisten berührte, war ihre Liebe und Beziehungsarbeit. Ich war ihre Tochter und erfuhr zum ersten Mal Bedingungslosigkeit. Dafür war ich bereit alles zu tun, was in meiner Macht stand. Sie wussten, dass Erfolg nur mit Selbstvertrauen und Selbstwert auftritt und gaben alles, um uns diese inneren Werte spüren zu lassen.
Oft musste ich weinen, weil ich diese rührende Liebe fast nicht ertragen konnte und so berührt war, von alltäglichen herzlichen Begegnungen mit meiner weitläufigen neuen Familie.
Nun verstand ich, warum mein damaliger Mann einfach immer und in allem, was er tat, erfolgreich

war, obwohl er technisch sicher nicht besser war als andere.

Es war ein schönes Leben, aber nach einigen Jahren fühlte ich mich gefangen.
Alle Frauen, Cousinen, Tanten und Nichten, hatten ein selbstverständliches, tiefes Wissen, was sie tun sollten. Sie wirkten frei, selbstbewusst und unternehmerisch, sie hatten ständig neue Ideen, was zu tun war, um Geld zu generieren. Sie hatten vor allem Spaß dabei. Sie investierten in sich, ins Leben, in ihre Kinder. Ich konnte das nicht, ich wusste nicht wie.

Für mich fühlte sich das Leben zunehmend hohl an, weil ich keine Ahnung hatte, wie ich den Wohlstand konstruktiv nutzen konnte. Ich konnte Geld nur nutzen, um es auszugeben, das war nach einer Weile immer unbefriedigender.
Es wurde langweilig, hier eine Gala, da eine Party, sich stundenlang schönmachen lassen (müssen), essen gehen, Reichtum zeigen, Verwandte treffen, wieder gehen. Shoppen, shoppen, shoppen. Es wurde immer unerträglicher für mich. Ich wurde immer öfter krank, was ich damals den Klimaanlagen zuschrieb, aber heute ist mir klar, dass das aus Überforderung kam.

Ich begann, das Geld zu verachten, weil ich keinen Bezug dazu hatte. Ich begann, darüber nachzudenken und zu interpretieren, woher das Geld kam.
Während meines Abiturs auf dem zweiten Bildungsweg hatte ich mich leidenschaftlich mit Marx´ Materialismus auseinandergesetzt und liebte ihn als Historiker und als genialen Philosoph.
Die große Armut, die mir an den Straßenrändern oder in anderer Form bei caritativen Veranstaltungen begegnete, machte mir immer mehr zu schaffen. Die Schwiegerfamilie wunderte sich, warum ich statt Geld in ein Projekt zu stecken lieber persönlich hinfuhr, um mit meinen Händen dort zu helfen. Sie empfanden es als nicht passend.

Marx steht unserem herrschenden, idealistischen Gedankenkonstrukt der Aufklärung, das sagt, der Geist des Menschen sei alles und schaffe dessen Lebensumstände gegenüber, indem er meint, dass die materiellen Gegebenheiten den Geist und die Lebensumstände beeinflussen.
Marx und dieses Leben in Asien waren in meinen Zwanzigern. Heute, noch einmal zwanzig Jahre später, habe ich endlich in die Tat umgesetzt, was Marx

erkannte und habe „von außen" begonnen, mein Inneres aufzuwerten: Durch Investitionen!

Das konnte aber niemand außer mir selbst tun. Und ich musste es erst einmal lernen. Echtes Lernen geht nicht in einem „vorbereiteten Umfeld."
In Asien hätte ich bis heute nichts Wesentliches dazugelernt. Vielleicht wäre ich ähnlich wie einige andere unverhofft zu Geld gekommenen Menschen „versumpft"; das konnte ich bei manchen Expat-Frauen beobachten. Diese Frauen waren mit Ihrem erfolgreichen Mann als Ausländer nach Asien gezogen, lebten hier im Hochsicherheits-Real-Estate und waren ebenso hochgradig depressiv.
Ich begann also in meinem damals finanziell sorgenfreien Leben, mir selbst innerliche Schwierigkeiten zu bereiten, indem ich zu philosophieren und zu politisieren begann.

Ich fühlte mich wie in einem goldenen Käfig und wollte wieder das echte Leben schmecken, daher beschloss ich, in Deutschland zu studieren, was die Schwiegerfamilie sehr begrüßte. Denn ein Diplom ist, egal was man arbeiten möchte, eine Eintrittskarte in jegliche Branche.

In Wahrheit war mein Plan, mich zu trennen. So langweilig wollte ich nicht noch weitere 30, 40 Jahre leben. Es wäre unpassend den komplexen Prozess hier zu beschreiben, der letztlich zu meinem Entschluss führte, aber in der Essenz war es die Scham über meine Herkunft und alles was damit zusammenhing.

Kaum in Deutschland, reichte ich die Scheidung ein, verzichtete auf alles, was aus dieser Familie stammte, denn ich liebte sie wirklich und wollte sie keinesfalls ausnutzen, aber ich konnte einfach nicht anders. Die Standesunterschiede waren einfach zu groß, ich fühlte es ständig. Ich hatte das Gefühl, nicht dazuzugehören. Es war nur mein Gefühl, ich wurde wirklich mit unendlicher Liebe aufgenommen und akzeptiert. Ich weiß, dass meine einfache Erziehung überall durchschien, aber sie hatten die Absicht, mich so aufzunehmen, wie ich war. Es waren meine eigenen Blockaden, nicht annehmen zu können und mich außerdem nicht mit den neuen Anforderungen mitentwickeln zu können.

Also stand ich nun fast 30-jährig, mit nichts in der Tasche da, war eigentlich traurig, eine gute Beziehung

wegen standeskulturellen Unterschieden nicht weiterführen zu können und fühlte mich einsam.
Jetzt konnte ich tatsächlich das Leben spüren, ich musste Studiengebühren bezahlen, meinen eigenen Unterhalt und alles was ich sonst so brauchte, selbst finanzieren.
Meine Ansprüche waren ziemlich hoch nach dieser finanziell sorgenfreien Zeit.
Ich hatte unterschätzt, wie sehr ich an das Leben mit Angestellten gewöhnt war.
Jetzt sorgte sich niemand mehr um mich, daher tat ich es auch nicht.
Ich weigerte mich, für mich allein zu kochen oder mir sonst etwas Gutes zu tun. Das eigene Unwertgefühl hatte mich voll eingeholt.

Die Flucht vor dem Geldadel hatte mir also gar nichts gebracht. Ich bereute meine Entscheidung erst einmal. Es ging mir nicht besser, da das, was mein wahres Übel in Asien war, mich nach Deutschland begleitet hatte. Der geringe Selbstwert, wegen geringer Investition und Glauben in und an mich und der damit verbundenen Möglichkeiten, würdig zu leben, dominierten mein Dasein, ohne dass ich es klar sehen konnte.

Ich versuchte, mich mit den von der Gesellschaft vorgegebenen Mitteln und Möglichkeiten, da herauszuarbeiten.

Ich rotierte, um alles bezahlen zu können, jobbte nebenbei und nahm einen Studienkredit für die Studiengebühren und auch Bafög auf, welches auch dazu beiträgt, die Kinder der Arbeiterklasse in dem unteren Bereich des bildungsbürgerlichen Kreislaufs zu halten, sollten sie auf die Idee kommen, studieren zu wollen. Die gehobene Bildungsschicht kann es sich leisten, in ihre Kinder zu investieren, oder sie tun es mit Opfern. Aber sie tun es. Sie wollen nicht, dass die Kinder mit einem Minus ins Leben starten. Ich erinnere mich an einen Mitbewohner, der leidenschaftlich Rennrad fuhr und Partys besuchte und dessen Mutter einen Putzjob machte, um ihn zu unterstützen. Für mich eine unvorstellbare Liebestat. Das ist jedoch genau der Punkt. Investieren ist immer ein Vorschuss und immer auch mit persönlichem Verzicht oder Verlust verbunden. Aber immer auch an Liebe gebunden. Liebe zu den Kindern, wenn man welche hat, oder Liebe zu sich.
Der Weg konnte also nur dahin führen, dass ich nach langer Lehrzeit selbst beginnen musste, zu investieren.

Erst in meine Kinder, als ich aber merkte, dass es mir dadurch nicht besser ging, endlich auch in mich.
Die andere Variante, nämlich durch innere Bemühungen zu versuchen, äußeren Wohlstand und Entspanntheit bei gleichzeitig ausreichend Anregung zu schaffen, war bisher ja erfolgreich gescheitert.

Investieren und Selbstkontrolle

Meine Mutter, mit der ich gerade telefonierte, sagte eben, ich solle meinen Kindern nicht *alle* Wünsche erfüllen. Wir sprachen von den Sport- und Malkursen der Kinder, das heißt von ihrer Bildung. Was ich unter meiner jetzigen Perspektive heraushörte, war: Investiere nicht zu viel in meine Enkel, es lohnt sich nicht, sie werden auch so groß und danken tun sie es Dir sowieso nicht.
Das Geniale am Investieren ist, wie man aus der Religionspsychologie weiß, dass der zugemessene und gefühlte Wert der Sache (in dem Fall Gott) und der Umstände um die Sache herum (in dem Fall die Religion) steigt, je mehr man investiert.
Wenn Sie sich also nicht lieben, beginnen Sie genau damit: in sich selbst zu investieren. Besonders mit rarer Ware wie Geld, Zeit oder Hingabe.

Die Liebe und der Wert an sich werden wachsen. Mit zunehmender Investition werden Ihr Selbstwertgefühl, sowie Ihr materieller Wert wachsen.

Das Problem ist, das die meisten Menschen neben diesem leisen intuitiven Wissen auch eine etwas deutlichere Angst haben, sie könnten etwas verlieren, wenn sie investieren. Diese Angst, die auch ihre sinnvolle Berechtigung hat, ist schwer beherrschbar, denn sie ist ganz archaisch.

Ich denke, unter Umständen investieren Eltern unbewusst nur wenig Liebe in ihre Kinder, weil dann der Schmerz bei Verlust schier unerträglich wäre. Auf innerliche Distanz gehalten, ist so mancher Verlust besser erträglich.

Investieren, das habe ich von meiner Ex-Schwiegerfamilie mit großer Gewissheit gelernt, hat neben Wertschätzung oder dem Willen etwas wertzuschätzen immer auch etwas mit Disziplin und Verzicht zu tun.

Den kritischen Mund halten, die Gefühle beherrschen, sich beherrschen, dabei wohlwollend bleiben, das Beste annehmen und unter allen Umständen versuchen, in Verbindung zu bleiben. Der Verzicht ist in erster Linie der Verzicht auf impulsgesteuertes

Handeln. Jeder erfolgreiche Börsianer wird Ihnen das bestätigen. Nur so schafft und pflegt man Bindung zu seinen Lieben und gute Beziehung zu Menschen neben einem guten Aktienportfolio.

Wenn wir uns (leider nicht nur Brennpunkt) Familien ansehen, ist oft zu beobachten, dass da, wo wenig Selbstkontrolle herrscht, auch regelmäßig (geistige sowie finanzielle) Armut herrscht.
Wohl ist freundliche und nachsichtige Selbstkontrolle die Vorstufe von natürlicher Disziplin, einer der wichtigsten Säulen für Investition.

Selbsterkenntnis

Der Weg zu echter und nachhaltiger finanzieller Freiheit kann nur über das Investieren gehen, und das wiederum geht nur mit Selbst-Kontrolle.
Um etwas kontrollieren zu können, muss man es kennen, richtig?
Echtes Erkennen geht nur über das Äußere, Sichtbare, das sich zeigt.
Nur das ist Wissen schaffen, logisch und wissenschaftlich. Egal ob an der Börse, an den Universitäten, in der Meditation. Manchmal im

Zwischenmenschlichen scheint das komplexer, aber im Grunde nehmen wir auch da nur das wahr, was sich für uns zeigt.

Es sind nicht die Absichten und Vorsätze der Unternehmen, die Sie dazu bewegen, ihre Aktien zu kaufen. Es sind die in der Materie sichtbaren, geleisteten Merkmale; die Kennzahlen der letzten Jahre. Es sind nicht die Versprechen, die uns zu einer Beziehung bewegen, sondern das, was uns in unserer Wahrnehmung des anderen anspricht.

Viele Menschen kennen von sich selbst hauptsächlich ihre Absichten oder dass was sie gerne wären. Meditierende können darüber einiges erzählen.
Was wir *in der Tat* sind und was wir be- und auswirken, sehen wir ganz oft nicht.
Das wir sehr viel Zeit und Energie darauf geben, vor den anderen irgendwie zu erscheinen, ist ein jammervoller Ausdruck des Erwachsenendaseins mit zwei gleichzeitig agierenden verschiedenen Hirnhälften. Aber dazu später mehr.

Wir blenden aus, *was* wir tun, *wie* wir uns verhalten und meinen von uns, dass wir nur das Beste wollen. Echt erstaunlich, wie gut das geht.
Gerade an der Vielzahl der Pädophilen Zänkischen, Rassisten und ideologisch, philosophisch und spirituell Einseitigen, kann man sehen, wie die Selbstwahrnehmung von der gelebten Realität abweicht. Und wie die Gesellschaft der Selbstwahrnehmung mehr Recht zugesteht, als der gelebten Tat. Wozu sonst gibt es Gerichtshöfe?
Nahezu jeder Mensch meint von sich selbst, gut zu sein und Gutes zu wollen, um die Welt zu verbessern, auch die eben aufgezählten Menschen.
Wäre es tatsächlich so, gäbe es keine Therapeuten, zu denen unsere Opfer gehen müssen.
Orientieren wir uns an dem was wir tun oder an dem, wie wir sein müssten oder sein wollen?
Die meisten Eltern sagen, sie lieben ihre Kinder. Aber es die Kinder spüren lassen – das können viele nicht. Auch mir geht es nicht anders. Jeden Tag muss ich mich daran erinnern, das zu sein, was ich gerne wäre. Und oft gelingt es auch nicht. Gerade Eltern benehmen sich nicht selten anders, als Liebende sich benehmen, vor allem im Alltag.

Chefs, Kollegen, Lehrer, Geschwister... alles ruhmhafte Rollen, die leider nur im Idealbild und als Identifikationsvorlage gut sind, in der Realität aber vorwiegend ein trauriges Bild zeichnen.

Leider ist es genau die Illusion über sich selbst, die auch den finanziellen Erfolg verhindert. Kein Muster und keine Haltung wirkt nur in einem gezielten Bereich.... Auch nicht die Selbstverblendung.

Ich selbst habe mich mehrmals ertappt, wie ich mich nach eigenen Fehltritten als Opfer positionierte und nur durch echte Rückmeldung sehen durfte, dass in Wahrheit ich Täter gewesen war.

Aber wie ich mich bis dahin immer rechtfertigte und gewunden habe, um mir die Situation schön zu reden! Und wie ich mich ertappe, es immer wieder zu tun.

Ein sehr hartnäckiges Muster.

Seitdem ich es bei mir sah, sehe ich täglich in meinem Umfeld, wie Sachverhalte verbogen und gedreht werden, um dem Selbstbild entsprechend zu erscheinen.

Sowohl innerlich als auch vor anderen, versuchen wir, uns als Opfer darzustellen oder zumindest als „richtig" und im Recht.

Ich bin keine Ausnahme mit diesem Muster. Sie wohl auch nicht. Falls doch, nehmen Sie es mir sicher nicht übel, wenn ich das sage, Sie verstehen es.
Wenn Sie diese Behauptung unverschämt finden, ist es wahrscheinlich ein Hinweis, dass Sie tatsächlich noch Potential haben, sich selbst zu durchschauen.

Fazit ist, unsere menschliche Selbst-Blindheit verhindert finanziellen Aufstieg, weil wir keine echte Kontrolle haben.
Alle undurchschauten Glaubenssätze, Muster, Haltungen und Einstellungen, alle nicht erkannten Gefühle und Prägungen leiten uns unbewusst und zwar nicht in unserem Sinne, sondern im Autopilot.

Wirklich *alle* und nicht nur die, die konkret ein zu bearbeitendes Thema betreffen! Wir sind doch komplexe Wesen.

In uns herrscht ein Konglomerat, eine Verbundenheit, Verschmelzung und Verstrickung unserer Meinungen und Glaubenssätze. Es gibt kein spezielles Areal für finanzielles Glück oder gelingende Partnerschaften in uns, an dem operiert und seziert werden könnte.

Wenn wir mit Selbsterkenntnis im weitesten Sinne beginnen, werden Zufall und Training uns ganz nebenbei auch dahin bringen, auch unsere Meinungen über Reichtum zu bewegen.

Nur teilweise an Glaubenssätzen zu Geld zu arbeiten wird nichts bringen, egal wie viele Tutorials und Affirmationen wir uns im Internet darüber ansehen. Zu sehr sind diese Dinge verwoben und betoniert in Ihrem gesamten Sein.

Doch es ist Ihr Weg: Sie finden durch die Zeit heraus, wie sie zur rationalen Selbstbeobachtung kommen.

Mir geht es hier in erster Linie darum, aufzuzeigen, dass kein Betrag zu klein ist und kein Alter zu hoch, um mit Veränderungen zu beginnen und in sich zu investieren und auch nicht, um die Finanzen zu verbessern. Und am einfachsten geht das an der Börse. Es ist sogar Ihre einzige kurzfristige Chance, wenn Sie sehr wenig Geld zur Verfügung haben.

Die bereits angesprochene Einheit aller Lebensbereiche durch das Denken und Fühlen ist wichtig zu verstehen, bevor Sie beginnen, an der Börse aktiv zu werden. Wegen dieser Ungetrenntheit mache ich Sie auch mit den Spitzen meines Lebenslaufs bekannt.

Als ich dann als Studentin ab 30 nach und nach 3 Kinder bekam, mein neuer Mann sein Lehrerdasein hinwarf und eine Handwerksausbildung machte, waren wir und blieben wir arm.

Dass allein unsere Einstellung durch fehlende Erziehung zum Erfolg der Grund sein könnte, das kam mir damals nicht in den Sinn. „Ganz klar" war es das System, das eigene Unvermögen die Glaubenssätze aufzulösen, oder das Schicksal, das verhinderte, dass es mir gut ging.

Wir waren Proletarier im Sinne von Marx´s Interpretation. Während heute Proletarier im Sinne von „Poser, Angeber" verwendet wird, verstand Marx unter Proletarier sehr arme Arbeiter, Menschen, die so arm sind, dass sie aus dem Kreislauf, dem Hexenkessel der Armut nicht mehr ausbrechen können, weil Ihnen jegliches Mittel (Geld, Umfeld und Bildung) dazu fehlen.

Nach außen gaben wir uns selbstverständlich große Mühe, dass es niemand bemerkte. Und das auch noch mit schlechtem Gefühl, denn mir war immer klar, dass es einen eingebauten Sensor in den Menschen für den materiellen Marktwert anderer Leute gibt, vor dem sich nichts, aber wirklich nichts verstecken lässt. Der finanzielle Stand ist einfach nicht übersehbar. Und es spielt keine Rolle, ob man einen Understatementwagen fährt, oder Fahrrad.

Sehr oft hatten wir kaum zu essen und waren weit entfernt von den gesunden Nahrungsmitteln, die wir gerne gegessen hätten. Wenn eine Zahlung vom Amt monatelang auf sich warten ließ, haben uns Freunde durchgefüttert.
Einigen engeren Freunden ging es ähnlich. Es schien also ein Problem junger Familien zu sein, mit dem nackten Überleben zu kämpfen, daher machte ich mir in der Anfangszeit meiner Elternschaft keine größeren Sorgen, auch wenn es sehr belastend war.

Mangelbewusstsein

Die Belastung und die Ohnmacht der Existenzangst hatten mich über die Jahre aber doch gelähmt und mein Selbstvertrauen war weg, das mich immer glauben ließ, irgendwann einmal genug Geld zu haben. Innerlich fühlte ich mich wie auf der Flucht, oder im Krieg. Mittellos, gejagt, verachtet, meine Kinder ohne Sicherheiten und Schutz und ohne Zukunftsaussichten. Ich sah keine Möglichkeit, mir und meiner Familie zu helfen. Ich war zu arm, um da herauszukommen.

Das Leben hatte mich in die Lehre genommen, so empfand ich es.

Leider hatte ich das Gefühl, nicht zu verstehen, was ich lernen soll.

Innerer Schrecken, Lähmung und große innere Angst waren meine Realität im Armutsbewusstsein. Und das schlimmste war, dass ich wusste, dass meine Kinder diesen Zustand ungefiltert mitfühlten.

Mein alternatives Denken, die Reflektiertheit und Spiritualität konnten mir nicht helfen, ich starker und kreativer Mensch wurde für ein paar Jahre depressiv.

Hinzu kam erschwerend, dass mein jetziger Mann aus einer Arbeiterfamilie kam, in der gefühlt nie genug Geld da war, obwohl beide Eltern immer in Vollzeit arbeiteten.

Er hatte ein ganz klares Arbeiterklassen-Bewusstsein. Das verhinderte, dass er sich als Lehrer an Schulen wohlfühlte, wo im Kollegium mehrheitlich das Bildungsbürgertum vertreten war. Er fand die Menschen unsympathisch, sie waren ganz anders als er. Und dass, obwohl seine Eltern in ihn investiert hatten!

Sie finanzierten ihm Musikausbildungen, Gesangsunterricht unterstützen sein Abitur, seine Band, seinen Chor.
Aber seine erlernte Arbeitermentalität war noch sehr stark ausgeprägt, denn der „kleine Mann" war und ist ein ganz großes Thema in dieser Familie.
Wenn auch die Taten seiner Eltern in der Erziehung gut und investierend waren, so waren die Haltung und mangelnde Beherrschung von Geist und Mund kontraproduktiv statt verbessernd.
Wenn aus einem Mangelbewusstsein heraus investiert wird, ist die Energie die tatsächlich ankommt, Mangel.

Die letzte Konsequenz meines Mannes glich der meinen: Er verließ die unbekannte Gesellschaftsschicht des finanziell gesicherten Bildungsbürgertums, weil es so anstrengend für ihn war, dort zu sein.
Durch den Unterschied der Klassen, den er erst durch diese Menschen bemerkte, waren die eigene Geisteseinstellung und der eigene Hintergrund schmerzlich zu fühlen.
Natürlich war die erste Projektion, es dem unguten System der Klassen zuzuschreiben, das sich an den Schulen spielgelte und seinen Ursprung hat.

Er beschloss also Handwerker zu werden und machte eine Ausbildung.
Hier fühlt er sich nun wohl, hier kann er Aufstiegschancen nutzen; klagt aber jetzt schon, dass der Titel Ingenieur bei weniger praktischem Wissen besser bezahlt sei.... Das Stigma der Armut und Einfachheit ist einfach zu offensichtlich.
Bei den vielen Austauschkindern, die wir als Gastfamilie immer mal wieder beherbergen, kann ich nach zwei Sekunden erkennen, welchem Hintergrund die Kinder entstammen und welche Schulform sie besuchen. Es ist kaum möglich, sein Elternhaus und das was es einem mitgab, zu verbergen.

Es hätte einen großen Unterschied gemacht, wenn die Eltern meines Mannes finanziell gebildet und dadurch selbstbewusst gewesen wären. Ihre Investitionen hätten ihm eine ganz andere Energie mitgegeben.
Sie sind nämlich gebildet: Der Vater hat studiert, arbeitet allerdings im Handwerk, da er einen Unfall hatte. Er weiß einfach alles. Aber auch bei ihnen war die Gehaltsabrechnung tabu. Dass sie in Versicherungen und in von Bänkern empfohlene Aktien investiert hatten, erfuhren die Kinder erst, als alle Ersparnisse verloren waren und über „die da

oben", über die gierigen „Versicherungsmakler" und die gefährliche, manipulierte Börse geschimpft wurde. Hätten die Eltern damals nicht ferngesteuert ge- und verkauft, wären sie heute vielleicht reicher.

Haltung, die sich nur in Energie ausdrückt und nicht greifbar ist, ist der eigentliche Unterschied zwischen den Klassen.

Sich selbst um seine Finanzen zu kümmern, ist die eine Haltung oder Einstellung. Die Andere ist, das Geld oder andere Menschen für sich arbeiten zu lassen, statt selbst für Geld zu arbeiten. *Das ist in Wahrheit nichts anderes, als das Potential des Geldes für sich zu nutzen.*

In der Zeit der Ausbildung meines Mannes beantragten wir finanzielle Hilfen, was im Grunde genommen mindestens ein Halbtagsjob ist. Auf jeden Fall mit mehreren Kindern. Diese Bürokratie und die Bittstellerei haben mir damals jede Zeit und Kraft entzogen, etwas Sinnvolleres zu tun.

In den Zeiten der finanziellen und dadurch auch emotionalen Wüste hatte ich manchmal und immer nur kurz die Kraft der Verzweiflung, Wohlstand generieren zu wollen. Die ausgesprochene Abneigung meines Mannes gegen „Geld" und Menschen mit Geld hatten aber einen ziemlich starken Einfluss auf meine Bemühungen, unsere Lebensumstände zu verändern.

Als „Unternehmen Familie" erfolgreich zu sein, bedeutet auch, einen Partner zu haben, der erfolgreich sein will. Ohne diese Voraussetzung, haben Sie quasi einen Kollegen, der energetisch und materiell gegen Sie arbeitet.

Ich vermute, dass die meisten Leser ein weniger optimales Umfeld hatten oder haben. Entweder der Partner hat keinen Bezug zu Geld oder das Elternpaar hat etwas vorgelebt, was nicht dienlich war und das blockiert heute den Erfolg. Sogar erfolgreiche Eltern können Blockaden auslösen, gerade durch Ihren Erfolg.
So hole ich hier nur nach, was die Eltern hätten tun sollen: Ich mache Mut.
Ich kann Ihnen kein Versprechen über eine sichere und blühende finanzielle Zukunft geben, aber ich kann versprechen, dass Sie mit den Herausforderungen wachsen. Ein Beweis mehr, dass das Umfeld doch auf unseren Geist wirkt, *nachdem wir einen Impuls gesetzt haben.*

Meine erste Investition

Meine erste Investition in dieser hoffnungslosen Zeit habe ich einem befreundeten Lehrer zu verdanken, der mich zu einem Kurs über hirngerechtes Lernen für fast 200 Euro mitnehmen wollte.
Für ihn ist es selbstverständlich, in sich und seine Bildung zu investieren.
Ich hatte noch nie für Bildung auf diese Art Geld ausgegeben, daher wollte ich nicht mitkommen, zudem war das ein halber Monat Haushaltskasse für uns fünf. Dennoch überredete mich mein Freund: Wenn ich den Kurs besuchen würde, könne ich diesen Kurs selbst anbieten und hätte das Geld wieder drin, sogar mehr. Das war der Wendepunkt. Ungern und eher ihm zuliebe ging ich mit, mit wenig Glauben daran, diesen Kurs einmal selbst halten zu können.
Aber da ich am absoluten Nullpunkt war, fühlte ich ganz zart, dass es nur besser werden konnte.

Einen Monat später versuchte ich -aus Begeisterung über dieses Thema und auch aus finanzieller Verzweiflung heraus- tatsächlich, einen Kurs anzubieten und siehe da: Er wurde gut gebucht und ich verdiente mein erstes Geld, jenseits von einem Job für 10 Euro pro Stunde. Mein Selbstwert und mein Selbstvertrauen wuchsen sofort.

Das war der Ansporn. Ich investierte das ganze Geld in den Besuch von weiteren Kursen, bot immer mehr Kurse zur Persönlichkeitsbildung an und bald begann ich, eigene Kurse zu entwickeln, während ich mich mittlerweile auch auf anderen Fachgebieten weiterbildete. Ich war und bin ohnehin lieber Autodidakt, stelle mir mein Curriculum selbst zusammen und kreiere so ganz spezielles Wissen.

Die Vorgaben von Schule, Berufsausbildung und Universität, *was* ich *wie* zu lernen und zu produzieren habe, waren schon immer gegen meine etwas rebellische Natur.

Ich denke lieber selbst und quer, und zwar schon während des Lernens.

Ich lese viel und las schon als älteres Kind Unmengen Ratgeber- und Sachliteratur und habe das Lernen auf diese Art immer beibehalten.

Endlich fühlte sich das Leben richtig an. Deswegen hatte ich die High-Society verlassen! Die Lehre des Lebens begann, für mich Sinn zu machen.

Das ist eben lernen. Hinterher ist man schlauer und hat es verstanden.

Ich lebte mit meinem gesamten Potential und verbreitete sinnvolles Wissen.
Dass, was ich jetzt tat, nämlich meine Anlagen zu leben, hätte ich in Asien so nie tun können.

Doch alles beim Alten

Ich las etliche Bücher in der Woche, arbeitete vormittags als Tagesmutter und an den Wochenenden arbeitete ich in ganz Deutschland, um Kurse zu geben oder besuchte selbst Weiterbildungen.
Nach fast drei Jahren merkte ich, dass meine Leidenschaft zu Arbeit wurde. Kurse geben befriedigte mich nicht mehr, ich war wie ausgebrannt. Und das obwohl ich das alles wirklich leidenschaftlich liebte!
Ich verstand die Welt nicht mehr. Ich wollte genau das tun was ich tat, aber ich war innerlich leer.
Ich hatte schon lange kein ruhiges Wochenende mehr, vermisste das auch gar nicht, aber meine drei Kinder baten inständig, dass ich mit den Kursen aufhören möge.
Das was ich den Menschen vermittelte, konnte ich selbst nicht leben, weil mir die Zeit fehlte. Ich fühlte mich nicht mehr integer und hatte unterschwellig das Gefühl, keine Kurse mehr geben zu können. Ich hatte

in meinem Eifer vergessen, dass es sowas wie eine Work-Life-Balance gibt.
Ich bemerkte, dass ich als Selbstständige zwar freier war, denn als Angestellte, aber es blieb einfach nichts mehr übrig von meiner Zeit. In selbstständig steckt eben auch „ständig" drin.

Andere für mich arbeiten zu lassen, passte nicht. Ich wollte ja gerne selbst tun und habe auch gerne selbst die Kontrolle.
Kontrolle *und* „seine" Angestellten menschenwürdig behandeln das geht nicht, aus mannigfacher Erfahrungen aus diversen Jobs war mir das klar.
Ich sehe mich bis jetzt nicht als Unternehmerin, aber wenn ich eine gute Haltung gefunden habe, kann ich es nicht ausschließen, andere Menschen zu engagieren. Wenn ich schon viel arbeite, dann bitte mit Spaß und Leidenschaft und nicht mit der Steuererklärung im Nacken und auch nicht mit der Notwendigkeit, damit Geld zum Leben verdienen zu müssen. Und auch nicht als Workaholic, was ich sicher war. Das habe ich für mich festgestellt.

Also überlegte ich erst einmal erfolglos, wie es denn jetzt weitergehen könnte.

Ich spürte, wenn ich die starke Kontrolle aufgab, würde das aufgebaute Netzwerk schnell zusammenbrechen, da meine Fortbildungen hauptsächlich durch Werbung, die mit meiner Begeisterung zusammenhing, gebucht wurden.
Ich pausierte trotzdem. Das verdiente Geld wurde aufgezehrt und war bald weg.
Irgendwann, wenn meine Kinder größer sind, werde ich bestimmt wieder beginnen, regelmäßig Kurse zu geben, denn ich liebe es einfach, den Raum zu öffnen, in dem Wissen geteilt und potenziert wird.
Bis dahin widme ich mich einem Schulgründungsprojekt, weil die Bildung eines dringenden Wertewechsels bedarf.
Als nach einer Weile das selbstständig verdiente Geld weg war, begann ich zu verstehen, dass *ich* mich zwar verbessert hatte, aber grundsätzlich hatte sich nichts geändert. Das war eine frustrierende Erkenntnis und umso mehr ein Grund, erst mal nicht so weiterzumachen wie bisher.
Jetzt war ich nur noch Tagesmutter und wir mussten mal wieder finanzielle Unterstützung beantragen, obwohl ich und mein Mann zusammen 70 Stunden pro Woche arbeiteten.

Eine alternative Idee kam mir eine ganze Weile nicht wirklich.

Erst nachdem ich Robert Kiyosakis und Alex Fischers Bücher las, verstand ich all die Zusammenhänge, die mich bisher von der finanziellen Entspanntheit getrennt hielten:

Potentialentfaltung durch Investment

Das Geld arbeiten zu lassen, war etwas, was ich mit großer Entschiedenheit bis dahin nur den Superreichen zugestanden hatte. Zudem war ich der Meinung, ich hätte gar kein Geld.

Ich hatte zwar nach Kiyosakis Lektüre schon verstanden, dass der Trick für Wohlstand ist, mit wachsendem Einkommen nicht auch wachsende Ausgaben zu haben, aber als Familie gelang uns das erst, als auch mein Mann durch meine Aktienkäufe begriff, was auch mit wenig Geld möglich ist. Seitdem wird er noch sparsamer und schafft es, Geld für Aktienkäufe zu organisieren, das früher als Essen im Müll oder im Nirvana gelandet ist.

Ist anlegen gleich investieren?

Ich allerdings beschloss sofort nach dem Lesen des Buches, ab sofort Geld nicht mehr auszugeben, sondern es anzulegen, damit es nicht mehr ausgegeben werden kann.

Nur 50 Euro im Monat plante ich ein. Das Schlimmste, was passieren könnte, wäre, dass wir eben ein paar Tage früher als gewöhnlich pleite sein würden. Auch das würden wir überleben. Nur ein kleiner Betrag sollte reichen.
Wenn der Aktienkurs auf Null sinken würde, wäre es immerhin ein verwindbarer Verlust.
Dies ist allerdings leichter gesagt als getan. Das Gefühl, solch ein kleiner Betrag lohne sich nicht, ist nämlich ziemlich stark. Meine Kinder lehnen immer ab, wenn ich ihnen ein Angebot mache, dass ihrer Meinung nach unter ihrer Würde ist.
Ähnlich ticken wir auch noch als Erwachsene. Warum das möglicherweise so ist, können Sie später bei der Gehirnentwicklung lesen.

Ich kämpfte anfangs sehr darum, dem Gefühl von „ist unter meiner Würde und sowieso sinnlos" nicht zu unterliegen.

Auf ein Jahr gesehen können sich 700 Euro an der Börse vervielfachen. Das versuche ich mir mit aller Macht vor Augen zu halten.

Aber erst als ich begriff, dass ich die 50 Euro nicht anlegen wollte, sondern investieren, kam es zu einem Durchbruch in meiner Einstellung. Ab jetzt fiel sparen mir leicht und jeder Euro ist für mich wertvoller geworden. Seit dem ich einen Euro als wertvoll empfinde, als mein Diener, fühle ich mich selbst viel wertvoller. Das war nicht einmal beabsichtigt, sondern ein Nebeneffekt. Er ist ein Investitionsobjekt, kein Konsumobjekt mehr.

Da unser Geld für Immobilien als Anlage nicht reicht, weil wir 30 Euro über dem Existenzminimum liegen, mein Mann eine Insolvenz wegen seinem Studienkredit hat und ich als Tagesmutter oder als gelegentliche Kursleiterin selbstständig bin, werden wir nicht die Chance bekommen, bei der guten Zinslage in Immobilien zu investieren. Wäre es möglich, würde ich das sicher tun.

Da nicht nur mir durch derartige Umstände die Hände gebunden sind, denke ich, dass es Zeit ist, für

alle offenzulegen, dass nicht nur Reiche die Möglichkeit haben, ihr Geld zu vervielfachen.
Natürlich dauert dieser Weg länger, als wenn mit sehr viel Geld begonnen wird, aber wenn ich es jetzt nicht tue, dann wird es ohnehin nie was.

Ich möchte, dass Ihnen klar ist, dass es mir nicht nur darum geht, Sie allein in Geldwerten reich werden zu sehen, wobei das wünschenswert ist, weil es sich so entspannter leben lässt. Ich fände es auch schon schön, wenn ein wenig mehr Ausweitung in Ihrem Inneren stattfindet, weil Sie Ihr Potential noch ein wenig mehr nutzen als bisher. Geld und Aktien können dafür ein Werkzeug sein. Sie sollten kein Lebensinhalt sein und auch sonst nichts was überbewertet werden sollte.
Aktien können auf einer gewissen Ebene dazu dienen, an der eigenen Haltung zu arbeiten.

Sorgenfreiheit oder Zuversicht ist auf eine Weise ein Parameter um gelebte Potentialentfaltung zu erkennen. Geld ist dafür nicht absolut notwendig, aber unterstützend.
Ich bin mir sicher, dass Potentialentfaltung immer in einem Spannungsfeld passiert. Ein Spannungsfeld

kann künstlich durch zwei „Tätigkeiten" produziert werden.
Wenn Sie Ihrer gewöhnlichen Arbeit nachgehen und nebenbei eine weitere Arbeit aufnehmen, die Arbeit Ihre Aktien zu managen, wird ganz nebenbei Ihr Leben eine neue Qualität bekommen, weil so eine Spannung entsteht.

Die Lebensqualität, der innere, gefühlte Wert, hängt von *erlebter und erfahrener* Investition ab. Investiv sein ist eine Haltung.
Arbeiten gehen ist dagegen eine Notwendigkeit, keine Investition. Sie können sich auch Hühner zulegen und die Eier verkaufen. Das wäre auch ein Projekt das Spannung und Rendite schaffen kann.
Bei den reichen Menschen in Asien geht es immer um Projekte, die spielerisch „nebenbei" laufen. Früher dachte ich, es sei so ein Fimmel, oder ein Hobby oder vielleicht auch ein gesellschaftlicher Kodex. Heute kann ich den Nutzen von diesem Verhalten erkennen: Es schafft Spannung, Spiellaune und Kontakte werden über „Projekte" gemacht oder gepflegt. Eine sinnvolle und investive Kultur. Jede Beziehungspflege ist in Asien ein bewusstes Investment, über das sehr häufig ganz genau Buch geführt wird. Ich habe ganze Kataloge

gesehen, mit Listen wer was wann mit wem gemacht hat, oder wer mit was beschenkt wurde und was man selbst geschenkt bekam.

Da mit Armutsbewusstsein und Geldmangel eine solche spielerische Projekt- Haltung nur schwer aus rein mentaler Kraft heraus erzeugt werden kann, sollen Sie reelle Werte, also Unternehmenswerte, nutzen, um die Haltung zu beeinflussen.

Das Managen Ihrer Aktien neben der Tätigkeit des Geldverdienens erzeugt das Spannungsfeld für Potentialentfaltung und für Lernen. Das Wachstum Ihrer Unternehmensanteile wird Ihnen helfen, Armutsbewusstsein zu durchschauen und mit Ihren inneren Konflikten zum Thema Geld und Selbstwert in Kontakt zu kommen.
Wenn klar ist, dass Investieren immer mit Verlust einhergehen kann und sehr wahrscheinlich auch wird, sollte niemand mehr Angst haben zu investieren, erst recht nicht die, die denken, nichts Nennenswertes zu haben!
Unterm Strich und langfristig lohnt sich investieren immer.

Verdient?

Wer nichts hat, muss alles geben, um diesen Zustand zu ändern.

Wenn wir uns vorstellen können, dass das Auf und Ab der Wirtschaft durch langfristiges Denken zu einer Stärke für uns werden kann, dann haben wir die größte Hürde bereits gemeistert.

Wenn wir verstanden haben, dass Geld sich selbst vermehren *muss*, um zu wirtschaftlichem Wohlstand zu führen, dann können wir nicht anders, als zu investieren. Wir müssen das Geld unterstützen, dass es in die Lage kommt, sich selbst zu vermehren.

Das Verständnis von diesem Naturgesetz macht den Unterschied zwischen Armen und finanziell Reichen.

Die Armen denken, sie müssten für Geld arbeiten und geben es freiwillig oder gezwungen Fremden, die dieses Geld verwalten sollen. Seien es Versicherer, Steuerberater, Bänker oder die Finanzbehörde.

Die Reichen lassen Geld für sich arbeiten und kümmern sich höchstpersönlich darum, was mit diesem Geld geschieht.

Ver-Dienen ist ein moderner Ausdruck. Früher haben sich Menschen „ver-Dingt", um als Ausgleich eine Be-Zahlung zu bekommen. Als Ding oder als Diener kann man nicht frei sein. Sie müssen beginnen, frei zu sein, indem Sie eine freie Tätigkeit ausüben.

Und wenn die Tätigkeit auch nur „nebenbei" ist, spielt das für Ihr Unterbewusstsein überhaupt keine Rolle! Wichtig ist nur, dass Sie mindestens einmal in der Woche für mindestens zwei Stunden voll dran sind.

Sie haben es verdient, dass Geld für Sie arbeitet. Und zwar jeder Euro. Jeder Euro sollte Ihnen etwas wert sein, denn er kann und soll Ihnen dienen.

Sie haben sich für diesen Euro verdingt! Selbst und erst recht, wenn Sie als verächtlich behandelter Bittsteller Ihre Papiere für die Ämter ausfüllen, haben Sie es sich verdient.

Diejenigen, die seit Urzeiten beruflich mit Investitionen umgehen müssen, sind die Bauern, die mit ihrer Tätigkeit andere Menschen beim Überleben unterstützen, indem sie für deren Nahrung sorgen. Man munkelt, dass die Landwirte hier im Umfeld recht große Summen auf Ihren Konten oder im Keller liegen haben.

Wer investieren will, muss sparen *und* abgeben können. Wenn gespart wird, häuft sich eher etwas an. Das ist doch eine hervorragende Gesetzmäßigkeit. Sobald ein Bauer aufhört zu investieren und zu sparen (sammeln), wird er das kommende Jahr nicht mehr als

Bauer erleben. Er muss also sparsam sein, damit er das tun kann, was er tun muss in seinem Beruf. Er hat außerdem durch die Vielfältigkeit seiner Aufgaben ein Spannungsfeld.

Mit jeder Aussaat, die dem Zweck dient, die Früchte zu vermehren, als neues Saatgut zu sammeln und den Überschuss zu verkaufen, macht er auch Verluste. Von 1000 gesäten Samen wird mit Sicherheit ein guter Prozentsatz gefressen, von 800 gekeimten Pflanzen werden sicher 200 zerstört und bei der Ernte sicherlich 100 liegengelassen. Wenn keine Rotte Wildschweine, Trockenheit oder zu viel Regen vor der Ernte die ganze Saat vernichtet. Bauern sind Selbstständige und Unternehmer, die Menschen und Kapital für sich arbeiten lassen. Dadurch, dass sie andere an Ihrem Kapital gegen Gebühren teilhaben lassen, nutzen sie die gesamte Bandbreite des Investierens, indem sie dabei noch anderen dienen. Das ist die höchste Form des Investierens.

Seitdem mit Nahrung spekuliert wird, haben nicht nur Bauern eine würdige Existenz verloren. Weltweit herrscht mehr Hunger als naturgemäß nötig wäre.

Aber in einem freien, natürlichen Umfeld kann man sehen, dass Investition sich lohnt und das ganz natürlich ein Verlust dazu gehört.

In der Regel investieren heute nur noch die Menschen, welche durch ausbeuterische Haltung zu Geld im Überfluss gekommen sind. Das ist zumindest die Meinung der meisten Deutschen. Es liegt nun an Ihnen, ob das auch in Zukunft so bleibt!

Glücksspiel

Wenn man den Meinungen und Beratungsseiten im Internet glaubt, lohnt es sich nicht, 1000 Euro an die Börse zu bringen. Warum auch immer das einhellig gestreut oder nachgeplappert wird, es stimmt einfach nicht als der Grundsatz, als den es dargestellt wird.

Entweder entspringt diese Vorstellung einer weltfremden Dekadenz oder es wird bewusst versucht zu verhindern, dass „der kleine Mann" auf die Idee kommt an die Börse zu gehen. Nach dem Telekom-Aktien-Desaster haben die meisten ohnehin Angst vor Aktien. Einmal, weil sie oft finanziell ungebildet sind und zum anderen, weil Aktien für sie nichts anderes bedeuten, als ein Glücksspiel.

Natürlich kann man Geld verlieren. Aber die Wahrscheinlichkeit zu gewinnen ist erheblich grösser, als beim Glücksspiel.

Ich habe einmal solch ein Glücksspiel gespielt, das erste Mal in meinem Leben. Ich tat das nur, weil ich an der Tankstelle ganz plötzlich sicher und ruhig wusste, dass ich jetzt Kreuzchen machen sollte. Danach fuhr ich weiter nach Österreich zu einer Fortbildung und vergaß den Schein.

vier Wochen später fiel er mir wieder ein und ich bat meinen Mann: „Schau mal bitte nach was wir gewonnen haben." Es waren sage und schreibe 4000 Euro, fast ein Jahr Nahrung für uns 5. (Um mal die Relation aufzuzeigen.)

Danach hoffte mein Mann auf den Jackpot. Jede Woche investierte er mindestens 10 Euro, viel Geld für uns, in einen Spielschein.

Hätten wir dieses Geld an die Börse gebracht, wären es sicher schon 1500 Euro geworden oder mehr. Statt etliche hundert Miese zerknüllt im Papierkorb.

Wenn ich mit älteren Verwandten oder Bekannten spreche, bekomme ich das Gefühl, sie spielen ein Glücksspiel mit Aktien oder empfinden Aktienbesitz als solches.

Sie haben keine Ahnung von Ihren Unternehmen, deren Anteile sie besitzen, auch nicht von dessen Zahlen und auch keine Ahnung von den Bedingungen, wann Aktien besser nicht zu verkaufen oder zu kaufen sind. Das ist dann tatsächlich Glücksspiel.
Regelmäßig verkaufen sie automatisiert Aktien mit Verlusten, weil sie Panik bekommen, wenn der Kurs runtergeht. Jeder erfolgreiche Aktionär, der seine Unternehmen einigermaßen kennt, sitzt solche Tiefs aus oder kauft sogar billiger nach.

Gebühren

Das Hauptargument, das verwendet wird, um arme Menschen vom Kauf von Unternehmensbeteiligungen abzuhalten, lautet, die Gebühren seien zu hoch.

Hier eine Beispielrechnung aus dem Internet, wie es viele ähnliche von diversen Börsenprofis gibt, die beweisen soll, dass sich ein Aktienkauf unter 1000 Euro nicht lohnt:
Ein Aktienkauf im Wert von 500 Euro mache Ordergebühren von 15 Euro und Transaktionsgebühren von 3 %:

Die Aktie müsse um 3 % steigen, um die Gebühren auszugleichen.

Aktienkauf im Wert von 3000 Euro mache wieder Ordergebühren von 15 Euro und Transaktionsgebühren von nur noch 0,5% .

Die Aktie müsse demnach um 0,5 % steigen, um die Gebühren auszugleichen.

Des Weiteren hat der Autor in seinem Blog geschrieben, man könne mit 1.000 € nur in *eine Aktie* investieren!

Wie bitte?? Ich würde Unternehmensanteile von zehn verschiedenen Unternehmen für 1000 Euro kaufen.

Der Autor lässt die Leser seines Spar-Blogs im Glauben, es wäre völlig unsinnig Aktien verschiedener Unternehmen für weniger als 1000 Euro zu erwerben! Für unbescholtene und gutgläubige Leser endet hier der Ausflug an die Börse.

Für einen An- und Verkauf bei etlichen Onlinebrokern zahlt man aktuell je fünf Euro, die müssen erst mal erwirtschaftet werden, das stimmt. Transaktionsgebühren sind unterschiedlich. Er hat für seine Rechnung jedenfalls eher teure Gebühren herangezogen. Aber abgesehen davon, ist es lächerlich einfach, auf 3% Gewinnwachstum zu kommen.

Ich habe zum Vergleich ein Beispiel von mir: Vor 4 Monaten habe ich 1000 Aktien gekauft. Sie haben 0,131 Euro gekostet. Das nennt man Penny Stock. Heute, während ich das hier schreibe, sind sie bei 0,39 Euro. Sie haben sich fast verdreifacht. (Mittlerweile, beim Korrekturlesen sind sie bei 0,51 Euro.) (Beim erneuten Korrekturlesen sind Sie wieder bei 0,35 Euro. Zum Glück ist Monatsbeginn, ich kaufe also nach!)

Seitdem kaufe ich immer wieder weitere Penny Stocks, für plus / minus 70 Euro je Order. Sie haben durchschnittlich ca. 20% Zuwachs, keine meiner Aktien hat Verlust, auch keine der Aktien, die ich als Favoriten beobachte.
Eigentlich kann ich nur gekürzt sagen, was Peter Lynch ausführlich beschreibt: Man muss sich klar sein, dass man Unternehmensanteile kauft. Und ein Unternehmen kann man einsehen. Gerade für Menschen mit wenig Geld ist diese Sichtweise wichtig. Die Bilanzen des Unternehmens, seine Schulden und sein Kapital sind im Internet in den Kennzahlen als Überblick zu finden.

Es gibt bei den Kennzahlen natürlich große Branchenunterschiede, und man sollte sich daher im Idealfall in der Branche auskennen.
Das ist aber für Anfänger zu viel verlangt und sollte nicht davon abhalten, in Aktien zu investieren!
Wenn ein Unternehmen, egal in welcher Branche, kaum kurz- und keine langfristigen Schulden hat und zudem viel Eigenkapital; seit mehreren Jahren besteht und nicht hauptsächlich forscht und sich nicht im Abbau (Raubbau) betätigt, weil das sehr teuer und risikoreich ist, dann kann man nicht allzu falsch liegen. Als Teilhaber an einem soliden Unternehmen sollten Sie den Chart nicht allzu wichtig nehmen. Der kann in Sekunden variieren und zeigt nur an, was die Menschen mit ihren Aktien machen und nicht zwingend, was mit dem Unternehmen los ist.

Sie sollten sich nicht als Aktienbesitzer verstehen, sondern als Teilhaber des Unternehmens. Sie kennen die langfristigen Ziele Ihres Unternehmens und sollten nicht automatisch aussteigen, wenn die Kurse runter gehen, sondern zukaufen, sofern Sie wirklich Ihre Hausaufgaben gemacht haben.
Langfristigkeit, also wieder Disziplin, ist das wichtigste Kriterium für Aktienerfolg. Versuchen Sie, in 10 -

Jahresschritten zu denken, das kann Panikattacken bei Kursschwankungen abmildern. Wenn Sie die Grundprinzipien verinnerlicht und auch etwas Angst verloren haben, sind Sie vielleicht offen für weitere Experimente auf dem Investitionsmarkt.

Meine Freundin erzählte mir gestern, ihre wertvollen Öko-Baum-Aktien seien auf Null Cent gefallen. Was ich denn machen würde, wenn mir das passieren würde, fragte sie mich.

Hier ist der Vorteil von armen Leuten: Wenn eine Aktie den Wert verliert, so verliere ich nur meinen Einsatz, und der ist sehr gering. Verliere ich also eine Aktie, macht mir das gar nichts. Es handelt sich um den Preis eines Essens beim Italiener um die Ecke. Das ist der natürliche Verlust, der dazu gehört. Ich habe ja keine großen Summen für die Aktie ausgegeben.

Nummer sicher

Würde ich jetzt auf Nummer sicher gehen und keinen Verlust einfahren wollen, dann könnte ich heute Folgendes machen:

Von meiner Investition von 131,00 Euro plus 5,00 Euro Kaufgebühr, aus der mittlerweile 390,00 Euro wurden, würde ich so viele Aktien verkaufen, dass

meine 136,00 Euro plus 5,- Verkaufsgebühr wieder „drin" sind. D. h. 141 Euro.
Also müsste ich rund 360 Aktien verkaufen. So wäre meine finanzielle Investition wieder rausgeholt, während alle „640 geschenkten" Schäfchen noch im Trockenen wären und dann kommen kann, was will.

Machen Sie das einfach so, wenn Ihnen das „Aushalten von 10 Jahren" zu schwer erscheint. Sie müssen sich wohlfühlen! Oder investieren Sie in Anleihen, die sind auch bei Konkurs geschützt. Aber tun Sie etwas.

Ich nutze diese Sicherheitsvariante des teilweisen Verkaufs in diesem Fall nicht, aber es gibt Technologie-Unternehmen in meinem Miniportfolio, bei denen ich so vorgehen würde, wenn Signale im Markt dafür sprechen.

Wieviel Zinsen würden Sie für ein Sparbuch bekommen oder auf die unnötigen Lebensmittel, die teilweise in den Mülleimer gehen, die Sie statt Ihrer Unternehmensanteile zur Zeit kaufen? Ich denke wirklich, in Aktien zu investieren ist für Arme die einzige legale Möglichkeit, um Geld zu vermehren.

Lernen ist Investition

Eigentlich beschäftige ich mich am liebsten mit Lernen und mit Potentialentfaltung. Die schreibe ich immer nach der alten Weise, da das Wort „Potent" ein ganz anderes Potential als „Potenz" hat.
Zu mir kommen Lernende oder Menschen, die andere beim Lernen begleiten.
Lernen ist immer Investition. Für gute Qualität bei der Lernbegleitung muss immer gezahlt werden. Ob Coach, Nachhilfe, Privatschule oder Kurse. Zeit und entschiedene Absicht müssen investiert werden.
Bei dem Prozess des Lernens braucht man entweder eine hohe innere Motivation oder sehr gute Begleitung. Beides zusammen ist optimal.
Für Sie können Bücher, Foren oder Tutorials die Begleitung sein. Ihre anfängliche Mühe, das abgezwackte Geld und auch Zeit sind Ihre Investition.

Nichts auf der Welt ist so sinnvoll wie Bildung, damit meine ich nicht allein Wissen, wobei auch das unbezahlbar sein kann. Bildung betrifft den ganzen Menschen.
Wissen kommt durch Erfahren, dies wird Lernen genannt.

Erfahren ist immer der Nachklang und die Verarbeitung von Erlebtem oder mit den Sinnen aufgenommenem.

Echtes *Lernen* kommt durch Scheitern (dem Gegenteil von Sicher) oder auch durch Einsicht bzw. Erkenntnis. Diese Art von Erkenntnis kommt aber meist auch nur durch gedanklichen Abgleich und Anerkennung des bisherigen, erlebten Scheiterns.

Von außen, zum Beispiel als Lehrer, ist es immer einfacher, eine Erfahrung erlebbar zu machen, als eine Erkenntnis über den Geist auszulösen. Auf diesem Umweg lehrt es sich viel leichter. Ein einfaches Besipiel ist, das eine Geschichte mehr lehren kann, als eine Erklärung.

Eine Erfahrung ist eine im Leben *erlebte* und vor allem persönliche, innere Realität. Und die kann einem sogar von einem Lehrer zur Verfügung gestellt werden, wenn er es richtig angeht und den Lernenden das erfahrene reflektieren lässt.

Lernende können etwas hören oder lesen und haben es „mitbekommen" -so läuft es meist wenn Menschen lernen. Es gibt aber noch ein anderes Lernen, eben das persönliche Erfahren und nur das ist nachhaltig, weil wir es im Leben anwenden können. Das Wissen ist zu

unserem geistigen Eigentum geworden, nachdem wir
es im Tun ausgedrückt haben.
Durch das Anwenden und Ausdrücken wird es erst zu
einer Erfahrung von uns persönlich. Die Erfahrung
Wissen auszudrücken, ist das eigentliche Lernen.
Bildung wird geschaffen, durch das WIE des Lernens.
Wie wir lernen ist Bildung die wir erfahren.
Das WIE ist im realen Leben und im Beruf meist
wichtiger als das WAS – ganz anders als wir es in der
Schule praktizieren.

Fazit: Der einzige Weg wie Sie lernen können, mit
Aktien umzugehen, ist es zu tun.

Hätten wir durch unser Schulsystem doch nur nicht so
viel Angst vor Fehlern! Dann wären wir nicht nur
gebildeter, sondern wüssten auch noch weitaus mehr.
Stellen Sie sich mal vor, alle Misserfolge in der
universitären Forschung würden veröffentlicht statt
verschwiegen werden. Wir wären schon so viel weiter!
Aus Angst vor Fehlern, neigen wir dazu, uns und unser
Lernen anderen Menschen anzuvertrauen, von denen
wir glauben, sie hätten mehr Wissen als wir. Das ist
eine Fehlinvestition unseres Potentials und eine Folge
des „auf Nummer Sicher gehen Wollens" Es ist das

gleiche Verhalten, das man auch bei Sparern antreffen kann.

Wenn man Wissen gratis bekommt, ist es meist umsonst oder hinterher sogar teurer. Glauben Sie nicht, dass Sie ohne Investition etwas eingetrichtert oder einen wirklich guten Tipp geschenkt bekommen. Sie werden die tollen „Berichte" von den „neuen Apples oder Nestles" die sie als Recherche geschenkt bekommen, zur Genüge kennenlernen. Recherchieren Sie besser ausschließlich selbst!

Ein derartig beworbenes Technologieunternehmen, auf das ich durch solch einen vorgefertigten „Recherchebericht" gestoßen bin, war gerade mal 2 Jahre alt, hatte kein Eigenkapital (mehr) und wurde ernstlich mit den goldenen Zukunftsaussichten bewertet. Das sind Infos, die obwohl gratis, teuer werden können.

Natürlich ist es mir selbst einmal passiert, dass ich total euphorisiert wurde von solch einem „Report", so dass ich spontan 50 Aktien kaufte. Obwohl ich schon wusste, dass es ein reiner Witz sein musste...
Aber mein Gier-Gen war aktiviert. Erst danach recherchierte ich. Die Homepage des Unternehmens hatte zwei Menüpunkte: „Über uns" und „Investors",

da bereute ich, dass ich sehr undiszipliniert gehandelt hatte.

Ich hatte eigentlich 50 Euro für eine lange beobachtete Technologie-Aktie ausgeben wollen, bin kurz vor dem Einloggen in mein Broker-Konto auf diese Werbung gestoßen und habe mich überrumpeln lassen. Statt einer Aktie, die ich schon länger im Visier hatte, kaufte ich diese Empfehlung.
Ein paar Tage später, nach nahezu 20 % Verlust und 10 Euro Kauf- und Verkaufsgebühren, stieß ich sie ab. Nicht einmal wegen dem Verlust, sondern weil es die Firma noch nicht lange gab, ebenso keinen einzigen auffindbaren Geschäftsbericht und weil die Homepage so unseriös war. Auch ihre genialen Produkte konnte ich weltweit nicht zu kaufen finden usw…

Verlust

Kommen Sie wie ich mit einem einfachen finanziellen Hintergrund an die Börse, dann trösten Sie sich mit meinem Versprechen: Wenn Sie erst mal begonnen haben sich finanziell zu bilden; sei es durch ein Buch, ein Hörbuch oder Videos, wird die von Ihnen geleistete Investition zu einer Wertschätzung der Sache

führen und bald wird es Ihnen ein Vergnügen sein, sich damit zu beschäftigen.
So gilt das eigentlich für jede zu lernende Sache.
Der Anfang muss einfach gemacht werden und wenn möglich, mit guter Literatur. Fangen Sie nicht mit einem Buch über Crash oder über die Indizes der Weltwirtschaft an.

Also: Sie erkennen, das Lernen an der Börse wird Sie auch etwas kosten.
Ein oder zwei gute Bücher, Arbeit beim Recherchieren und Geld bei Fehlentscheidungen werden Ihre finanzielle Bildung reifen lassen.

Wer Angst vor Fehlentscheidungen hat, kauft ETFs und lernt nichts.
ETFs sind Aktienmischungen, die von einem Unternehmen durch Menschen oder Algorithmen für Sie gemanagt werden. Durch die breite Verteilung vieler Aktien wird das Verlustrisiko gemindert und man kann langfristig +/- 8 % Rendite erwirtschaften. Sie werden natürlich nichts lernen und wie gewohnt die Verantwortung an andere abgeben. Das ist es nicht, was es braucht, um Armut hinter sich zu lassen. Sie sind damit Sparer, nicht mehr und nicht weniger.

Als armer Mensch, können sie nie Millionen verlieren, daher ist das Lernen auch nicht enorm kostspielig, das sollte Trost genug sein.
Die Psyche macht uns aber Angst vor Verlust. Wir wollen Leiden vermeiden und Lust gewinnen. Lieber den Spatz in der Hand, als die Taube auf dem Dach. Ich würde mich schwarz ärgern, wenn meine (hypothetisch) verbleibenden 640 Aktien vom obigen Beispiel, die ich ja quasi kostenlos besitze, weil die Investition wieder rausgeholt ist, den Bach runtergehen würden und nur noch den Basiswert oder weniger wert wären. Die Angst vor diesem Ärgergefühl verleitet mich regelmäßig, daran zu denken, JETZT einfach alle Aktien zu verkaufen und lieber komplett die Finger von diesem Kram zu lassen.

Vertane Chancen können bei mir noch mehr Frust auslösen, als Verluste. So wollte ich vor 8 Tagen Aktien kaufen, beschloss aber, konsequent noch drei Tage an diesem Buch zu arbeiten. Innerhalb der letzten fünf Tage stieg die Aktie um 1750 %. Das muss ich erst mal integrieren.

Mein Mut, trotzdem weiterzumachen kommt aus dem Bewusstsein, dass ich nichts zu verlieren habe. Mut ist auch, Angst zu haben und es trotzdem zu tun.

Schwäche + Stärke = eine Medaille

Durch Robert Kiyosaki und Peter Lynch wurde mir klar, dass Gott keinen Engel mit einem Koffer voller Gold vorbeischickt. Ich brauche Disziplin und auch Achtung vor dem einzelnen Euro. Selbstkontrolle habe ich durch meine Vorbilder in Asien erworben und die *Absicht*, meinen Kindern etwas zu hinterlassen hilft mir auch bei der Disziplin. Ich glaube jeder Mensch hat eine Geschichte, aus der er Disziplin schöpfen kann. Jeder Mensch hat sein Leben, das ihn geformt hat, eine Geschichte, die behindert und fördert.
Ihr Gefühl von Armut, dass Sie durch Ihr bisher gelebtes Leben erworben haben, könnte Ihr Antrieb sein, eine Absicht zu fassen, die Ihnen dabei hilft diszipliniert zu sein.

Wie können *Sie* aus einer Schwäche eine Stärke machen?
Wenn Sie eh arm sind, kommt es nicht darauf an, ob Sie noch ein klein wenig weniger Geld haben.

Das ist ganz allgemein eine Stärke aus der Schwäche machen, oder?

Doch die Antwort auf diese Frage liegt im Besonderen in Ihrem Leben und Ihrer Persönlichkeit.

Ich weiß aus eigener Erfahrung: Manchmal geht finanziell wirklich nichts mehr.

Aber manchmal kommt eine Nachzahlung vom Amt, Sie machen Flohmarkt, oder Sie legen im Discounter einen Gegenstand wieder zurück in die Auslage und dann kaufen Sie sich Aktien davon.

Wirklich wichtig ist es, ohne Selbstbetrug zu sehen, WIE man selbst ist, WIE man selbst handelt und WAS man denkt und glaubt, statt krampfhaft an einem Wunschbild von sich selbst anzuhängen. Alle Werbung um uns herum arbeitet daran, uns in einem Wunschbild von uns selbst leben zu lassen. Wer klar sieht, macht den ganzen Nonsens nicht mehr mit. Psychologen wissen, dass die Diskrepanz zwischen Real-Selbst und Ideal-Selbst die Ursache für Selbstzweifel sind. Selbstzweifel sind die besten Potentialentfaltungsverhinderer.

Mit Klarblick kann man es schaffen, aus seinen Mustern auszubrechen, zu denen ja unter anderem die

Armut gehört. Klarblick unterstützt jedenfalls die Arbeit, die von „außen" auf unsere Muster einwirken soll: Das Managen des wachsenden Reichtums an Unternehmensanteilen.

Es macht keinen Sinn, über das System zu jammern, sich hinter Parolen oder dem „kleinen Mann" zu verstecken. Es gibt keinen kleinen Mann.
Das ist Selbstbetrug und kein Klarblick.
Es gibt Menschen, die sich klein machen, weil sie sich selbst nicht kennen, die aber ahnen, dass sie nicht das sind, was sie gerne wären oder sein könnten.
Aber viele machen sich einfach aus Tradition klein, andere wiederum scheinbar grundlos.

Balance von Wunsch und Realität

Schaffen Sie eine Balance zwischen dem, was sie gerne wären und dem, was sie sind. Die Lösung ist es, zu sehen *und* zu sein was man ist, ohne sich dafür zu verachten oder zu schämen. Auch nicht für Armut. NUR dann ist es möglich, Selbstliebe und Selbstwert zu entwickeln und reich zu werden. In dieser Balance kann Ihr finanzieller Wunschzustand mit der finanziellen Realität zusammenkommen.

Sie werden es sich durch einen Beweis, wie zum Beispiel Aktienkauf, selbst wert, immer mehr in sich zu investieren.
Unsere Psyche freut sich über Beweise, die mit Investition in uns selbst zu tun haben! Nur Absichten genügen der Psyche nicht.

Wenn diese Balance eintritt, kann ihr Wunsch, ihr Traum, Ihr Möchte-Gern-Zustand auch immer mehr zur Realität werden.
Leider können sie nicht nur partiell Ihren finanziellen Ist-Zustand mit ihrem finanziellen Möchtegern Zustand überlappen lassen.
Sie, als *ganzer Mensch*, müssen in *allen Aspekten des Seins* diesen Zustand des Integer-Seins trainieren.
Fragmentierung und Zerlegung in getrennte Einheiten scheint wissenschaftlich und ist zu einer kulturellen Haltung geworden, deren Wahrheit und Funktionalität allerdings längst widerlegt ist.
Es gibt nicht diese und jene Anteile in Ihnen. Es gibt nur Sie.
Wenn Sie wollen, dass Ihr finanzieller Plan aufgeht, wenn Sie Ihren Wunsch der Realität näherbringen möchten, müssen Sie ganz allgemein sich selbst der

Realität näher bringen. Stellen Sie das gerne auf die Probe.

Weil ich ganz sicher mit dieser Behauptung bin, habe ich diesen ganzheitlichen „Börsenratgeber" geschrieben. Ich bin mir sicher, dass bisher noch kein Wirtschaftspsychologe jemals darüber nachgedacht hat, daher finde ich, Sie sollen das erfahren und berücksichtigen.

Aktienerfolg, wie auch der Prozess des Integer-Werdens, ist langfristig.

Wertschöpfung ist ein Weg und kein Über-Nacht-Wunder.

Gehirn und Reife

Keine Ungeduld oder gar Panik, wenn es nicht schnell genug geht oder es sogar Rückschritte gibt. Nicht ausruhen und blenden lassen, wenn ein Erfolg erscheint.

Eine Aktie verhält sich genauso wie menschliche Reifung. Wie auch unsere Entwicklung, wird unsere Aktie mit Manipulation Bekanntschaft machen, dadurch zurückfallen oder vorpreschen und wie wir, ist auch sie vom Umfeld abhängig.

Seien Sie also mit Ihrem Depot ebenso mild und gütig wie mit sich selbst! Wohlwollende Nachsicht bei großer Aufmerksamkeit ist das Beste für geistige und finanzielle Entwicklung.

Um diese Eigenschaften zu erreichen, ist etwas Persönlichkeitsarbeit notwendig. Wie in allen Arbeitsfeldern ist es auch hier wichtig, die Faktoren und die Bedingungen zu kennen, sonst arbeitet man ins Blaue und hat im Besten Fall Zufallserfolge.

Um die substanziellen Grundlagen (Bedingungen und Faktoren) unserer menschlichen Funktionsweisen zu verstehen, lohnt sich ein Blick in die Neurobiologie, die Wissenschaft vom Gehirn. Unser finanzieller Zustand ist eng an unser gesamtes Sein geknüpft, was ein Resultat unseres Elternhauses ist und davon, wie unsere Eltern auf unsere vom Gehirn gesteuerte Unreife reagiert haben. Dass ich mich nun für eine neurobiologische Philosophie hergebe, hat den Grund, dass wenn Sie verstehen, was die Grundlage unseres Zustandes ist, er sich schon dadurch ändert.

Alles was ist darf sein und alles was sein darf ist im Wandel.

Das Gehirn ist von Beginn an ein lernendes und formbares Organ und die Programmierung dieser

Festplatte geschieht im Elternhaus, natürlich in Resonanz mit dem, was an Hardware bereits da ist. Das Gehirn ist in mehrere Abschnitte gegliedert, wegen der Einfachheit und da es sich hier nur um ein Schema handelt, bleiben wir bei den zwei Hirnhälften, die den meisten Menschen bekannt sind. Falls nicht, wird es gleich erwähnt. Wenn Sie sich über Neurobiologie belesen wollen, empfehle ich Daniel Siegel und Gordon Neufeld, durch deren Modelle ich hier im Ansatz spreche.

Da die Persönlichkeit ein wesentlich größerer Faktor für (finanzielle) Entwicklung ist und viel wichtiger als das Befolgen von Anleitungen und Börsentipps, dient der folgende Abschnitt dazu, uns die Prinzipien unseres heutigen Empfindens, unserer Grundstimmung im Leben und damit unseres Handelns klarzumachen.

Das Empfinden und unsere Stimmungen sind für unsere Handlungen meist ausschlaggebender als rationale Logik. Die Logik zieht in Millisekunden nach der Entscheidung oder Handlung nach und schafft Konzepte und Konstrukte, die zu unserer Handlung passen, so dass wir glauben, die Vernunft oder das Recht hätten uns geleitet.

Als neugeborener Mensch machen wir das noch nicht. Uns fehlen Erfahrung und auch Muster. Wir verfügen zwar über alle Teile und Schichten des Gehirns, die jedoch noch nicht ausreichend miteinander kommunizieren und interagieren wie sie es heute tun. Das liegt daran, das Synapsen noch durchgebildet werden und Nervenfasern stärker myelenisiert werden müssen. Das geschieht durch starke oder sich wiederholende Erfahrungen und die Zeit.
Für ein Baby sind die hauptsächlichsten Erfahrungen Beziehungserfahrungen. Hierauf ist alles angelegt, weil das Überleben ausschließlich von Beziehung abhängt. Genau wie später als Erwachsene unser Überleben von unseren wirtschaftlichen Fähigkeiten abhängt. Vielleicht ahnen sie die Bedeutung Ihrer Kindheit und Ihrer frühen Beziehungen für Ihr jetziges finanzielles Leben.
Die rechte Hirnhälfte ist für Sprache, Kreativität, Gefühle und das Jetzt zuständig. Bindung- und Beziehungsverhalten werden vorwiegend rechtshemisphärisch gesteuert. Zudem sind erstaunlicherweise Sonderbegabungen auch in der rechten Hirnhälfte angelegt. Über Forschungen an Autismus fand man heraus, dass Störungen der linken Hirnhälfte für einen Ausgleich durch die rechte

Hirnhälfte sorgen und dadurch Sonderbegabungen aktiviert werden können.

Die linke Hirnhälfte ist für logisches Denken, Langfristigkeit, planen, Rationalisieren, zur Nutzung von Sprache, zum konzentrierten Auswendiglernen und Intellektualisieren notwendig.

Bei kleinen Kindern spielt die linke Hirnhälfte eine weniger große Rolle, wie Sie sich vorstellen können. Erleben Kinder ein Gefühl, zum Beispiel Hunger, ein starkes auf das Überleben ausgerichtete Gefühl, so erfahren sie es über die rechte Hirnhälfte. Die rechte Hirnhälfte ist emotional und im „Jetzt". Der Hunger wird überwältigend erfahren weil die logische und linear denkende linke Hirnhälfte noch keinen *zeitgleichen* Zugriff hat und nicht beschwichtigen kann. Die Hirnbrücke muss zuerst noch ausgebaut werden. Nichts sagt dem Kind: Warte, Mutter muss erst fertig duschen und dann das Essen warmmachen, das dauert sieben Minuten. Mangels Erfahrung und wegen der generellen hirnorganischen Unreife ist das Kind zu gemischtem Fühlen und Denken noch nicht fähig, weil die Hirnhälften noch nicht zeitgleich interagieren können und die linke ohnehin weniger gebraucht wird.

Zwei Gefühle gleichzeitig zu haben, Ambivalenz genannt, ist übrigens ein großer Teil der Probleme, die erwachsene Menschen zur Psychotherapie bringt. Man ist bereit, in einem Leben zu verharren, das man eigentlich gar nicht mag. Auch die Angst vor dem Umgang mit Geld ist dieser Ambivalenz geschuldet: Man möchte zwar sein Geld vermehren, aber gleichzeitig hat man Angst es zu verlieren. Ein sortierender Umgang mit unseren Gefühlen kann immer hilfreich sein, gut wäre es, wir hätten es von Beginn an lernen können, dann litten wir weniger an Ambivalenz.

Das hier ist kein Erziehungsratgeber, dennoch waren Sie selbst mal ein Kind und der Ursprung Ihres jetzigen Lebens liegt in der Kindheit. Daher ist es sehr wohl wichtig, zu sehen, was naturgemäß mit uns passiert ist, um zu verstehen, worauf wir heute bei uns selbst achten können.

Erfahren Kinder ein Hungergefühl, ist dieses Gefühl nun völlig und alleinig im absoluten Erleben da. Es gibt sozusagen nichts außer Hunger (oder einem anderen Gefühl). Die Emotionen sind daher überwältigend, allumfassend und somit auch bedrohlich, sollte kein reifer, „ganzhirnig aktivierter" Mensch zur Verfügung stehen.

Ist solch ein Mensch da, lässt er sich *nicht* durch die eigenen Spiegelneuronen von dem Kind triggern und verfällt *nicht* ebenfalls ins Emotionale. Er stellt seine eigenen vernünftigen, linearen Spiegelneuronen zur Verfügung, die ja wissen, dass alles gut wird. Leider ist nicht immer ein solcher ganzhirnig aktivierter und reifer Mensch da und manche Erziehungsberechtigten sind selbst derart traumatisiert, dass es ihnen nur sehr selten gelingt ruhig und entspannt zu bleiben. Diese Menschen bekommen wenn ein Kind in Not ist einen „Kurzschluss" weil ihre eigenen Spiegelneuronen mitgerissen werden. Meist hatten diese Eltern selbst keine guten Vorlagen.

Im Idealfall werden durch den Erwachsenen die gesamthirnigen Spiegelneuronen des Kindes aktiviert, ohne dass es aus eigener Kraft dazu in der Lage ist. Spiegelneuronen sind Zellen im Hirn, die beim Wahrnehmen einer Situation im Gehirn des Wahrnehmenden die gleiche Reaktion auslösen, wie beim Handelnden.

Bei Babys sind wir noch sehr nachsichtig und machen intuitiv vieles richtig, aber sobald erste Autonomie wie krabbeln oder laufen beginnt, hört unsers milde Nachsicht rasch auf und werden von Frust und Überforderung abgelöst.

Erst jetzt verbreitet sich das Wissen, dass rechte und linke Hirnhälften für viele Jahre noch nicht interaktiv miteinander verbunden sind. Erst ab der Schulreife kann erwartet werden, das Menschen abwägendes Verhalten und selbstständige Aktivierung der linken Hirnhälfte zu erlernen beginnen. Die Brücke der Hirnhälften beginnt jetzt mit einer für viele Jahre andauernden Wachstumsphase.
Die Mehrzahl der Menschen hat als Kind schreckliche emotionale Begegnungen gehabt und die sind einer der wenigen Gründe, die sie abhalten, ihr volles Potential und alle Möglichkeiten zu nutzen.

Frust

Wenn der Turm umfällt, die Plätzchen nicht rausgegeben werden oder das Lesen lernen schwerfällt, ist der erlebte Frust für das älter werdende Kind immer noch überwältigend und allein kommt das Kind damit nicht klar. Leider sind unsere Reaktionen dann aber meist nicht mehr so verständnisvoll. Da Kinder nicht gemischt fühlen können, sind diese oft erlebten Ohnmachtsgefühle stark und bleiben nicht ohne Spuren; Je nachdem, wie damit umgegangen wurde. Im eigentlichen Sinn, sind es kleine Traumata, die die das Kind oft erlebt, wenn die Emotionen es im Griff haben. Gerade solche kindlichen Traumata sind nicht per se schlecht, sie trainieren wichtige Abwehrmechanismen, aber manchmal behindern Traumata unseren Lebenserfolg, denn sie haben zur Folge, dass das Trauma auf das gesamte Hirn verteilt wird, da ein Hirnteil nicht allein in der Lage zur Bewältigung des Problems und zur Integration des Erlebten ist. Das kann später zu Blockaden (ebenjenen Abwehrmechanismen) in anderen Lebensbereichen (Hirnberiechen) führen, die wir wirklich nicht mehr verstehen können, da wir keinen Bezug mehr herstellen können. Es ist eigentlich ziemlich nett von der Natur, dass wir uns nicht mehr an die frühkindliche Zeit erinnern können, denn unsere logische, zeitlich denkende Hirnhälfte war ja weniger aktiv. Sonst würden wir wahrscheinlich alle nicht mehr mit unseren Anverwandten sprechen.

Im Grunde kommt es nur darauf an, wie Erwachsene mit unseren Zuständen umgegangen sind, ob daraus ein Trauma wurde, bemerkbar durch Ohnmachtsgefühle und Lähmung oder ob die Kraft entstehen konnte, immer weiter zu machen und Chancen zu erkennen.

Reagieren Erwachsene auf heftige Emotionen mit gleichem Verhalten, nämlich mit Frust, dem gleichen Gefühl das die Kinder gerade erleben, liegt das daran, dass sie über ihre Spiegelneuronen selbst in eine Retraumatisierung geraten. Innerhalb von Sekunden reagieren sie mit Wut, Ohnmacht, Ärger, Schuld, Beschämung und Strafe. Weil auch sie es als Kinder es so erlebt haben, können sie jetzt nicht ihre linke Hirnhälfte zuschalten.

So wie Menschen es erfahren haben, so haben sie es gelernt und so verhalten sie sich.

Umgang mit Frust und mit Gefühlen ist elementar beim Umgang mit Aktien. Daher ist es wichtig, sich diesen Teil seiner Biografie genauer anzusehen.

Haben die Eltern negativ reagiert, ist uns schon klar, warum wir eine Blockade haben. Wenn sie allerdings einen anderen Umgang mit Frust und Emotionen hatten, nämlich einen Vermeidenden, haben sie auch nicht besonders gut gehandelt.

Das beginnt damit, das Kind gewinnen zu lassen, ihm die Hausaufgaben zu machen, dem Kind nichts zu versagen, ist das genauso grausam wie die erste, gewaltvoller erscheinende Variante. Eltern beweisen und lehren so ebenfalls, dass sie mit Frust nicht umgehen können und das Kind lernt: Frust ist schlimm und nicht in Ordnung. Frust ist beschämend und trennend. Ich mit meinen Gefühlen darf nicht sein.

Die Scham vor dem möglichen Versagen ist der größte Feuerlöscher bei vielen Aktivitäten im Leben. Dieser Frustabwehmechanismus verhindert auch finanziellen Erfolg, der ja mit spielerischem Investieren und Ausprobieren, mit Lernen aus Scheitern zu tun hat. Leider ist es genau Frust der krisenhafte Gefühle erzeugt und leider ist es genau die Krise, die Entwicklung und Reife begünstigt. Nicht erfahrener Frust oder ständige Unterdrückung von Frust entziehen uns der Möglichkeit zu reifen und zu lernen, unserem Frust gelassen gegenüber zu stehen und es nochmals zu versuchen statt es persönlich zu nehmen. Ohne Frustrationstoleranz können wir nicht diszipliniert sein.

Es gibt genügend Erwachsene, die sich nicht auf Langfristigkeit verstehen, wenig Disziplin haben und Frust nicht aushalten können. Es gibt eine Studie in der Erwachsene vor die Wahl gestellt wurden: kleiner Wochenendtrip jetzt oder in ein paar Wochen eine größere Urlaubsbelohnung. Die Mehrheit wählte die kurzfristige Belohnung. Das weist schon sehr darauf hin, dass es keinen großen Unterschied zu der

Mehrheit der Kinder gibt, die einen Schokokuss lieber jetzt nehmen, als auf zwei Schokoküsse später zu warten.

Genau diese Reife des Wartens und Frust-aushaltens ist es, die auch finanziellen und generellen Potentialentfaltungserfolg ausmacht.

In dem Moment, in dem wir diesen Sachverhalt verstehen und einsehen, wird sich etwas ändern im Gehirn.

Die innere Lähmung wird schwinden, langsam aber sicher als Prozess. Es gibt nichts zu tun, oder zu verändern, einfach nur bemerken genügt.

Wir werden beginnen, uns sowohl in unserem Frust als auch in unserem Ablehnen vom Frust zu erkennen. Das Ablehnen von Frust haben Sie durch Ihre Eltern und Lehrer gelernt, die mit Ihrem Frust und Ihren Fehlern und Ihrem Scheitern nicht umgehen konnten. All das war daher verboten oder wurde benotet und genau das ist es, was Ihnen heute verwehrt, mit Frust umzugehen.

Solange Angst vor Frust herrscht, kann keine echte Reife entwickelt werden.

Mit Angst kann nichts sonst erlebt werden, weil in diesem Moment bereits Angst oder Unterdrückungsbemühung von Angst erlebt wird. Wir können wieder lernen, mit Frust umzugehen, statt ihn zu umgehen. Wir müssen es lernen, so wie wir es verlernt haben. Es beginnt zwar mit einer Entscheidung, der Rest ist aber wie alles Lernen ein Prozess.

Nur der nicht integrierte Frust und dadurch die Lähmung, welche wir in vielen Erfahrungen in unserem frühen Leben machten, hindern uns heute daran, mit fadenscheinigen Ausflüchten, unsere Existenz selbst in die Hand zu nehmen.

Neid

Es ist doch tatsächlich ein kindliches Relikt zu sagen: „das ist zu klein, das will ich nicht", nur weil das kindliche Unvermögen noch nicht versteht, das der kleine, labbrige Ballon nur aufgeblasen werden muss, damit er genauso groß werden wird wie der vom anderen Kind oder?

So verhalten sich die meisten selbsternannten „kleinen Leute". Sie sagen, es lohne sich nicht 50 Euro zu investieren, nur weil der Milliardär aus der Zeitung statt 40 Euro an der Börse monatlich Millionen schöpft. Langfristiges Denken haben wir nicht gelernt. Frust können und wollen wir nicht aushalten. Und das jemand reicher ist als wir, löst definitiv ein Frustgefühl aus!

Neid ist aber nicht Missgunst.

Neid ist Bewunderung des anderen mit Angst, nicht genauso gut zu sein und Missgunst ist Angst mit Selbstunzufriedenheit. Wir brauchen Vorbilder, die wir beneiden können!

Ich erinnere mich an einen Tag, an dem ich während einer Fortbildung sehr im Widerstand war. Ich sträubte mich innerlich, fand alle Teilnehmer blöd, meinte auch, dass ich alles schon längst wusste. Bis ich bemerkte, dass in Wahrheit all meine Gefühle in gebündelter Wut zu dem Kursleiter gingen.

Daraufhin bemerkte ich, wie der Orkan in mir, eine riesige Kraft, nichts anderes als Wut wegen Neid auf den Kursleiter war.

Als mir das klar wurde, verflog die boykottierende Wut und nur noch der Neid und die Kraft war da. Welche

Kraft, welch ein Ansporn, welche Bewunderung für diesen Mensch!

Plötzlich konnte ich ganz viel mitnehmen, aus dem Kurs, den ich innerlich bereits als große Fehlinvestition abgelegt hatte.

Oft genügt es, seine diffusen Gefühle zu erkennen oder umzuinterpretieren, um sich freier verhalten und einen Entwicklungsschritt gehen zu können, der vorher nicht möglich war.

Gerade Neid ist ein ziemlich unbeliebtes und daher diffuses Gefühl, vor allem, wenn es z. B. mit Verliebtheit verglichen wird. Mit der haben wir uns viel und gern auseinandergesetzt und kennen uns dort ganz gut aus.

Unsere Gesellschaft bietet natürlich genug Grund zur Kritik und zu Frust und Neid, aber wir sind tatsächlich selbst verantwortlich, wie wir damit umgehen.

Kein Lehrer, kein Chef, kein Staat und kein gutmeinender Aktienexperte, der Ihnen den Mega-Deal suggerieren will, übernimmt für uns Verantwortung. Niemand sorgt für unseren Wohlstand. Nur wir können das; in dem wir beginnen, grundlegend etwas anders zu machen als bisher.

Wir müssen anders *handeln* statt ständig immer raffinierter zu jammern und die Verantwortung anderen zuzuschieben.

Üben und trainieren Sie, langfristig zu denken. Mit 100 Euro werden Sie sehr unwahrscheinlich in 12 Monaten Millionär sein, aber Sie können sie vermehren, statt sie sinnlos auszugeben oder für ein paar Promille auf der Bank liegen zu lassen.

Wenn Sie viel Angst vor dem Aktienmarkt haben, kaufen Sie sich monatlich eine Münze aus Edelmetallen, aber stecken Sie das wenige Geld, das Sie haben, nicht in nutzlosen Konsum, giftiges Essen oder überteuerte Markenwaren.
Es ist durchaus möglich, gut mit wenig Geld umzugehen.

Könnten Sie überhaupt den Neid anderer gut aushalten, statt ihn nur zu ertragen, oder sich ihm zu entziehen, falls es Ihnen besser geht und Menschen das mitbekommen? Was passiert mit Ihren Beziehungen, wenn Sie beginnen, Ihr Potential zu leben?

Sparsamkeit

Gerade die Armut kann einen das Sparen lehren, wenn man Prioritäten setzt.

Wir leben in einem günstigen Haus bei Freiburg im Breisgau zur Miete von 1200 Euro. Unsere 3 Kinder gehen auf eine private Schule. Sie besuchen nachmittags immer mal wieder Unterricht, wenn wir keine unerwarteten Nachzahlungen haben. Wir haben 2 Autos. Und wir haben so jahrelang von 3160 Euro gelebt, manchmal, wenn wir in Harz 4 rutschten etwa von 2800. Miete und Schulgeld machten schon 2000 Euro aus.

Für Fixkosten, Autos und Nahrung hatten wir fünf dann also 800 Euro.

Wir bekamen keine Unterstützung von unseren Eltern, anders als viele Gleichaltrige in unserem Dorf. Es war hart, kein Schwimmbad und wirklich kein Geld für eine Kugel Eis für die Kinder.

Unsere Kleidung kam aus dem Umsonstladen und die Möbel vom Sperrmüll.

Wir haben also in Knappheit gelebt, aber mit Privatschule und zwei Autos.

Ich weiß, dass das Jammern auf hohem Niveau ist. Es soll einfach nur verdeutlichen, was für einen Effekt das Setzen von Prioritäten hat.

Wir lebten ohne Wein oder andere Genussmittel, ohne viel Süßes oder kindische Dekorationsartikel für die Jahreszeiten, Plastikgerümpel oder sonstiges teures Gift für uns oder unsere Kinder.

Heute kann ich schlicht leben. Ich brauche fast nichts. Meine Kinder können meist danke sagen und wissen sich zu helfen, wenn sie etwas brauchen.

Sie kennen unsere Finanzen und sie gucken mir beim Recherchieren über die Schulter, weil sie zu Geld kommen wollen. Ihnen gehört „mein" Portfolio und sie kümmern sich darum. Dabei sie sind alle noch unter 12 Jahren.

Ich kenne mehrere Singles, die mehr verdienen, keine Miete an ihre alten Eltern zahlen, in deren Haus sie leben, die dazu nicht mal ein Auto haben (weil sie das der Eltern nutzen), keine Hobbies und ständig jammern, das Geld würde nicht reichen.

Für mich ist es Irrsinn, belegte Brötchen beim Bäcker zu kaufen. Wenn ich an unserem Bäcker vorbeifahre und sehe, wie die Handwerkerazubis und Gesellen dort das ungesunde Essen für den ganzen Tag kaufen, plus Cola und einen Kaffee, dann weiß ich, dass diese Leute es zu nichts bringen können, da sie ihr ganzes Geld dem Auf-Bäcker bringen. Statt ihren Verzehr für 7 - 10 Euro könnten sie Brote, Gemüse und Wasser auf der Arbeit verzehren und täglich 5-7 Euro für 20 Aktien ausgeben. Bald wären sie reich.

Ich wundere mich über die Leute, die Ihre Nägel mit Plastik überziehen lassen, Strähnchen in die Haare machen, wöchentlich Ihren Protzwagen in die Waschanlage fahren und Geld in Alkohol oder zweifelhafte Beziehungen stecken und dann glauben, sie hätten kein Geld. Dabei aber nach außen hin so tun, als hätten sie es.

Mit dem eigenen und dem finanziellen Potential könnte man so viel mehr tun.

Impulse

Es gibt wirklich reiche Menschen, die würde man nicht als Milliardäre erkennen, wenn Sie einem in der Stadt begegnen. Einfachheit und Schlichtheit, sogar Bescheidenheit sind Merkmale vieler geistig gesunder Menschen mit sehr viel Geld. Deren Häuser sind erstaunlich leer. Sie müssen nichts beweisen, das beweisen sie. Es gibt vieles, worauf auch Sie verzichten können, wenn Sie es wirklich zu mehr Geld bringen wollen.

Im Fall von grundsätzlicher Armt muss der Anfang Verzicht sein.
Ich müsste wahrscheinlich gar nicht erwähnen, was es für unsere Natur bedeuten würde, wenn alle Menschen anfangen würden zu sparen. Aber dieser tolle Nebeneffekt soll nicht untergehen.

Als Potentialentfaltungsbegleiterin ist es mir eine Herzensangelegenheit, Impulse zu setzen. In Ihrem Potential liegt die Möglichkeit, diesen Impuls anzunehmen.
Ich möchte Ihnen Mut machen, damit Sie beginnen können, aber nur grob, damit Sie Ihren Stil selbst finden können.

Ich bin heute wirklich dankbar, meine Ehe in der sehr reichen Familie beendet zu haben, Armut gefühlt zu haben und irgendwann genug gelitten zu haben.
Denn das hat mir ganz allgemein zur Potentialentfaltung verholfen.

Lernebene als Kernebene

Ich kann sehr gut verstehen, wovon Robert Kiyosaki spricht, wenn er erzählt, dass er unentgeltlich für seinen Lehrer arbeiten „musste". Der Sinn von diesem Lehrerverhalten erschließt sich mir völlig.

Mein Mentor, ein erfolgreicher Geschäftsmann, macht in Österreich genau das.

Eine ganze Kolonne junger und älterer Menschen arbeitet in dem von Ihm geschaffenen Unternehmen. Ich kenne diese Menschen sehr gut. Sie arbeiten gut 18 Stunden täglich leidenschaftlich und bekommen kein Geld. Sie bekommen nach einigen Monaten Mitarbeit von dem Unternehmen die Miete und ein kleines Taschengeld gezahlt und den Rest für Ihren Lebensunterhalt müssen sie sich am Wochenende dazuverdienen.

Der starke Wunsch, für dieses tolle Unternehmen zu arbeiten, *weil man da so viel lernen kann* und das Team so toll ist, sorgt dafür, dass die Menschen kreativ werden, um *eigenes* Geld zu verdienen.

Und zwar unabhängig von Ihrer Arbeit. So wie Robert Kiyosaki in seiner Lehrzeit.

Gearbeitet wird nur zum Lernen oder um Lernen zu ermöglichen;

Das Geld kommt aus anderer Quelle, die sie sich selbst erschließen müssen.

Die Menschen dort in Österreich beginnen, ihr erworbenes Wissen, integriert in ihr persönliches Erleben, zu verkaufen oder zu nutzen. Sie werden selbstständig neben ihrer Arbeit in dem Unternehmen. Die Sinne werden geschärft für Chancen und Möglichkeiten. Das ungute Chef- Angestellten- Verhältnis gibt es logischerweise in diesem Unternehmen nicht.

Der Trick des Erfolges ist bei derartigen Strukturen, dass die spielerische Lernebene *über* der ernsten Ebene des Lebens steht. Im Leben (und auf der bezahlten Arbeit) dürfen keine Fehler passieren, es ist immer ernst, es geht ums Ganze. Agiert man auf der Ebene des Lernens, ist es leichter, sich etwas zu wagen. Bekommt man kein Gehalt, ist man bedingungslos da und agiert ganz und fehlerfreudig, da man sich nicht verdingt.

Selbstständigkeit

Wenn ich hin und wieder von flachen Hierarchien höre, werde ich besonders hellhörig, weil ich weiß, was wirklich flache Hierarchien bei präziser

Rollenverteilung bedeuten und das bei den meisten Unternehmen, die ich kenne, flache Hierarchien eine Farce sind.
Sobald Geld und Bezahlung ins Spiel kommen, ist es Leibeigenschaft, egal wie man versucht, damit umzugehen oder das zu leugnen.

Alle Menschen in diesem österreichischen Unternehmen sind freiwillig dort, aus Leidenschaft und nicht wegen einem Gehalt. Genau daher gibt es kein Gehalt.
Das ist sogar mehr Freiheit als bei Selbstständigkeit. Man stelle sich die Produkte vor, die solch ein freies Team schafft und erst das Betriebsklima…
Die Geschichte von dem Unternehmen in Österreich, die Geschichte von Robert Kiyosakis unbezahlter Arbeit oder meine eigene und vieler anderer Menschen, zeigt ganz klar, das Freiheit da beginnt, wo die Sklaverei der bezahlten An-ge-stellten-arbeit aufhört und die Honorierung für das gelebte Potential beginnt. Doch dieses Modell ist nicht für jeden leicht oder sofort lebbar. Selbstständigkeit jedoch schon. Der beste Grund selbstständig zu sein, ist der Wunsch, frei zu sein.

Wenn man sich nicht in die Selbstständigkeit wagt, einschlägige Statistiken über die vielen gescheiterten Selbstständigen machen ja sehr Angst, könnte man sich mit Gleichgesinnten, die es auch zu was bringen wollen, zusammenschließen.
Zum Beispiel zu einer Lern und Spielgruppe für erfolgreichen Aktienkauf!
Da wir aufgrund unserer Bildung durch das Schulsystem und diverse lächerliche Unternehmensberatungen aber glauben, alles fix und fertig via Kopfgeburt präsentieren und wissen zu müssen, das aber nicht der natürliche Lauf von Entwicklung ist, wundert es mich nicht, dass so viele der Existenzgründungen scheitern.
Sie scheitern nicht, weil es ein Risiko ist, selbstständig zu sein, sondern weil das System in der sensiblen Gründungsphase zu starke Vorschriften (geschriebene und ungeschriebene) macht und damit sehr stört. Weil die Menschen krampfhaft an ihren Plänen, die sie für andere machten, festhalten.

Als ich vor ein paar Jahren zur Gründungsberatung ging, blieb es beim ersten Mal. Ich spürte, auf diese Weise würde ich entweder sehr früh scheitern oder gar nicht erst anfangen.

Gehen Sie dann doch einen neuen Weg, werden die Menschen um Sie herum ihre Ängste sehr deutlich äußern und Sie fragen, wie genau das alles gehen soll was Sie vor-haben.
Sie wollen von Ihnen quasi einen Blick in die Zukunft, weil sie Angst haben, Sie gefrustet zu sehen. Die anderen haben noch weniger Ahnung von Ihrem Plan als Sie. Behalten Sie Ihre Absichten und Pläne immer möglichst lange für sich. Das ist auch eine Form von Selbstkontrolle.

Der anspruchvollste Chef, den Sie sich vorstellen können und dem sie dienen, sind Sie selbst. Neben Ihrer regulären Arbeit selbstverständlich.
Wie Kiyosaki als junger Mann oder die Österreicher. Behalten Sie kein Geld zum Vergnügen, stecken Sie alles in Ihr Unternehmen, welches verantwortungsvoll solide Unternehmensanteile kauft oder andere Investitionen tätigt.

Besorgen Sie sich durch Arbeiten so viel Geld wie möglich, leben Sie sparsam und lernen Sie zu recherchieren.
Vermieten Sie übers Wochenende Ihre Wohnung wenn Sie die Eltern oder Freunde besuchen, vermieten

Sie Ihr Auto oder verkaufen Sie ungenutzte Gegenstände. Essen Sie weniger, vor allem auswärts, gehen Sie joggen statt ins Fitnesscenter. Sie finden sicher Möglichkeiten, die Ihnen entsprechen.

Werkezeuge

Intuition gepaart mit Selbstreflexion und rationalem Denken ist die wirksamste Waffe, die Sie bei der Überwindung Ihrer Armut haben.
Mit rein linkshirnigem Denken und Konzentration haben Sie bisher die wenigsten Probleme lösen können und ebenso ist mit Arbeit ist auch noch niemand reich geworden. Es war doch fast immer die Zeit, die Umstände oder eine Eingebung die Ihnen oder anderen aus dem Schlamassel oder der Armut geholfen haben.
Zudem sind Sonderbegabungen in der rechten Hirnhälfte verankert, so dass es Sinn macht, diese mehr zu aktivieren, wenn Sie Zugang zu Ihrem Potential haben wollen.
Kreativität und spielerisches Versuchen ist gemeint, wenn Sie lesen oder hören, dass der „Kopf" oder „denken" Menschen reich macht. Probleme wälzen ist damit jedoch nicht gemeint.

Warum manche pleitegegangenen Millionäre es schafften, wieder reich zu werden, kam durch das Erkennen und auch Schaffen von Chancen und Möglichkeiten. Es war die erlernte Fähigkeit, aus der Schwäche eine Stärke zu machen.

Kreativität ist es, wenn Chancen wahrgenommen oder sogar geschaffen werden, die andere nicht entdecken. Ihr gesamtes Sein ist zu Kreativität in der Lage, auch Ihr Bauchgefühl. Bauchgefühl darf immer gerne dazugehören, aber es gibt noch weitere Kriterien fürs Handeln.

Gier und Angst sind ja auch Bauchgefühle, die linkshirnig entstehen, weil sie sich auf die Zukunft und die Vergangenheit beziehen. Sollten wir tatsächlich diesen Gefühlen folgen wenn wir Unternehmensanteile kaufen?

Lernen sie einfach durch Selbstkenntnis zu unterscheiden, wann sie sich selbst veräppeln, denn beim Aktienhandel sollten Sie *wirklich* Ihre sehr facettenreichen Gefühle, Emotionen, Bauchgefühle und Intuitionen kennen und ggf. beherrschen können. Gier erzeugt ein Gefühl von Sog, Schnelligkeit, Dringlichkeit. Im besten Fall gewöhnen Sie sich gleich an, in diesem Zustand niemals irgendwas zu kaufen.

Sie können Intuition von Emotionen auch unterscheiden, indem Sie ein wenig zuwarten. Emotionen, wenn man sie beobachtet, sind in wenigen Minuten weg. Intuition, selbst wenn man sie beobachtet, bleibt länger.

Intuition, die positiv und lebensdienlich leitet, erzeugt ein Gefühl von Ruhe, Weite, Sicherheit und Vertrauen. Nichts ist eilig, wenn die Intuition Ihnen einen Rat gibt und in intuitiven Reflexen zieht sich sogar die Zeit ins Zeitraffer, selbst wenn es schnell gehen soll. Ich denke, jeder hat das schon einmal erlebt.

Entscheidungen sind archaisch gesehen überlebenswichtig und meistens ist es das Bauchgefühl, welches sich aus unseren Erfahrungen speist, manchmal aber auch die Intuition oder unsere Körperintelligenz, welche schneller als der Verstand durch entschiedenes Handeln unser Leben retten können, wenn es drauf ankommt.

Weil die Handlung der Entscheidungsfällung archaisch und entwicklungs-biologisch gesehen so entscheidend ist, haben wir ein Umgangs - Problem mit Entscheidungen. Im Alltag messen wir oft unseren Entscheidungen zu viel Wichtigkeit zu. Das kostet Kraft. Muslime haben beschlossen dieser Schwierigkeit zu entkommen, indem sie sagen „Inscha´Allah -So Gott will" Mit dem Phänomen „Inscha´Allah" beschäftigen sich Religionsphilosphen ausgiebig und debattieren seit Jahrhunderten über diese Haltung. Das zeigt, dass hier ein großes Potential in der Haltung die man gegenüber Entscheidungen hat, liegt.

Während des Bullenmarktes (steigende Kurse) der Börse ist das Bauchgefühl und vor allem die Intuition *bei der Recherche* wichtig für Sie. Im Bärenmarkt, wenn die Aktienkurse eine Tiefphase erleben, die Beherrschung Ihrer Gefühle.
Haben Sie keine Beziehung zu Ihren drei Werkzeugen Intuition, Selbstkontrolle und Gefühlserkennung, verplempern Sie Ihre Zeit mit unnützer Recherchearbeit und verkaufen oder kaufen daher mit Verlust.
Wir alle dürfen für ein erfolgreiches Leben lernen, all unsere Empfindungen und Gefühle sowie unsere realen Lebensumstände genau zu verstehen und zu differenzieren.
Erfolgreiche Menschen haben andere Menschen, die sie begleiten. Sie haben Mentoren, sehr gute Freunde oder Therapeuten, die ihnen helfen, ihre Gefühle

differenziert wahr-zu- nehmen. Das Erkennen und zuordnen von Gefühlen ist tatsächlich entscheidend. Da wir durch unsere Gefühle während der ersten und wichtigsten Entwicklungsphase meist nicht gut begleitet wurden, haben wir in der Regel auch keine große Differenzierung und nicht ausreichend differenzierte Vokabeln für unsere eigentlich sehr vielfältigen Gefühle. Das verursacht übrigens auch im Liebesleben viel Leid. Wahrscheinlich fallen deswegen finanzieller und privater Erfolg oder Misserfolg oft zusammen.

Die Wahrnehmung von sich selbst ist nicht nur im Buddhismus von Bedeutung, sondern auch an der Börse, in Beziehungen oder im Job.
Wenn Sie lernen wollen, Ihre Entscheidungsfähigkeit zu verbessern, lesen Sie das Buch von Bernhard Moestl, „Das Shaolin-Prinzip, tue nur, was Du selbst entschieden hast." Diese Mönche haben all ihre Sinne aufs äußerste geschärft, denn als Kämpfer ist es für sie überlebenswichtig, ständig einen Zugang zu ihrer Intuition und damit zu einer sekundenschnellen Entscheidungsfähigkeit zu haben.

Wenn Sie gerade wenig Zeit haben, nutzen Sie ein Werkzeug der anonymen Alkoholiker und stellen Sie sich die Frage:

„Tue ich es jetzt, oder tue ich es nicht - jetzt?" Und prüfen Sie Ihre innere Bereitschaft. Denken Sie nicht zu lange über eine Sache nach, sondern legen Sie Ihren Fokus aufs Tun oder Nicht-Tun im Jetzt.

Tun Sie es nicht jetzt, legen Sie die Angelegenheit eben noch einmal beiseite, bis Sie sich diese Frage das nächste Mal stellen. Sie sollen nicht grübeln, dafür ist Ihre Zeit zu schade.
Erst einmal ist es relevant, den Unterschied zu spüren zwischen Intuition und Bauchgefühl.
Bauch-Gefühl ist wie alle Gefühle eine Interpretation von meist unbewusst gespürten inneren Regungen. Diese wiederum sind meist durch Muster geprägt. Entscheidungen aus dem Bauchgefühl heraus sind vielleicht nicht immer die richtigen.
Was Intuition sein kann, können nur Sie für sich selbst bestimmen, denn sie hat durchaus etwas Spirituelles.
Ich meine nicht, dass sie Verkäufe und Käufe von Aktien mit dem Bauch entscheiden sollen, sondern

Ihre Werkzeuge wie Intuition und Bauchgefühl für die Recherchearbeit drum herum einsetzen sollten.
Sie sollten möglichst genau differenzieren können, welche Gefühle Sie beim Aktienkauf begleiten oder zum Aktienkauf verleiten.

Aktien

Sie können so vorgehen: Suchen Sie sich eine Branche, die Ihnen sympathisch ist. Für mich kamen definitiv keine Aktien aus der Nahrungsmittelindustrie, Waffenindustrie, Chemieindustrie sowie Holz- und Bergbau in Frage. Die moralischen Fragen können sehr komplex werden, daher habe ich entschieden, eine für mich lebenstaugliche Entscheidung zu fällen. Es gibt viele weitere Sparten die ich ablehne, aber es ist eine ganz persönliche Entscheidung und irgendwann hat man ein Unternehmen gefunden, das sich mit dem Gewissen vereinbaren lässt.

Für mich sind Wasserstoff und Brennstoffzellen und auch Marihuana interessant. Wasserstoff vor allem wenn man mitbekommt, dass Elektroautosubventionen auslaufen werden. Schon lange wird an Wasserstoff geforscht und durch verschiedene Lobbyaktivitäten konnte Wassersoff sich bislang nicht durchsetzen. Aber die Notwendigkeit wird den Wasserstoff durchsetzen, wenn auch mit etlichen Dekaden Verzögerung und zu vielen Ölkriegsopfern und Umweltsünden in dieser langen Zeit.

Anfangs habe ich Bauchentscheidungen als Grundlage für Recherchen genommen, denn Wissen hatte ich anfangs ja ziemlich wenig.
Dann habe ich viel gelesen. Ich habe mir manchmal Zeitschriften im Buchhandel gekauft, Informationssites gelesen und Foren durchgestöbert.
Manche Branchen habe ich wieder fallen lassen. Künstliche Intelligenz und Robotics machen mich neugierig, leider verstehe ich aber rein gar nichts davon. Ich habe schon viel gelesen, aber noch immer habe ich kein Verständnis entwickelt. Also lasse ich vorerst meine Finger davon.
Elektromobilität war mir auch zu undurchsichtig, nicht das Subjekt selbst, aber das politische Drumherum. Auf diesem Weg bin ich aber auf künstliche Intelligenz im Mobilitätssektor gekommen. Dort konnte ich, da es konkreter war, mit künstlicher Intelligenz etwas anfangen. Aus zwei nicht passenden Branchen kam ein

scheinbar passender Sektor. So gibt eins das andere.
Ich habe dann auch verstanden, was G5 wirklich soll und dass mit der Forschung der Mobilitätsrobotics und G5 ideale Voraussetzungen für unbemannte Kriegsführung und total Kontrolle über unsere Fortbewegung geschaffen werden. Eine Rate nicht gezahlt, Auto bleibt stehen. Überfall- möglich durch einhacken in unser Auto, im Krisenfall flüchten - nicht möglich, weil die Soldaten oder andere Kriminelle unser Fahrzeug beherrschen.
Doch das nur nebenbei. Wenn ich also eine Branche, die mir gefällt und die mir unschädlich vorkommt, gefunden habe, lese ich Grundsätzliches und schaue mir von Unternehmen, die mir in diversen Berichten auffallen, die Kennzahlen an.
Ich suche Mitbewerber, d. h. Konkurrenten, um deren Zahlen zu vergleichen.
Wenn die rausgesuchten Unternehmen sich stetig bessernde Zahlen vorweisen und so gut wie keine Langzeitschulden und überwiegend Eigenkapital haben, sehe ich sie mir näher an und mache mir auf ein Papier Notizen.
Wenn die Unternehmen schwierige nationale und internationale Wirtschaftszeiten gut überstanden haben, ist das wunderbar.

Wenn die Vorstände oder Gründer viele Aktienanteile besitzen, ist das mir sehr lieb. Ab 3 % ist das öffentlich gelistet.

Habe ich mir dann zwei Unternehmen rausgesucht, mit denen ich es ernst meine, beginne ich, alte Forenbeiträge und aktuelle Nachrichten zu lesen und versuche alles über die mentale Haltung der Führungskräfte und ihre Zukunftspläne herauszufinden.

Falls diese Menschen zurückhaltend sind und nicht davon sprechen, bald Marktführer zu werden und sich auch nicht möglichst viele Mitbewerber einverleiben, freue ich mich. Mit denen will ich zu tun haben, weil sie sich auf sich konzentrieren. Auf Videokanälen sehe ich mir die Chefs „in Bewegung" an und wenn sie sympathisch und bodenständig daherkommen und ich mir vorstellen kann, dass sie sympathische Millionäre werden, dann kaufe ich.

Bei dieser Methode dauert es tatsächlich oft eine ganze Weile, bis etwas hängen bleibt, das sollte nicht unerwähnt bleiben. Daher kneife ich auch manchmal ein Auge zu und versuche mit meiner Intuition weiter zu kommen. Der Spielraum unterliegt den persönlichen Grenzen und in wie fern man richtig lag, zeigt sich in der Regel hinterher. Im Laufe der Zeit können die Vorstände durch den Erfolg doch noch dem Größenwahn verfallen, daher ist ein regelmäßiger Check der aktuellen Nachrichten anzuraten.

Ich kaufe sowieso nur Penny Stocks, damit sich im Fall der besten Fälle die Sache lohnt. Natürlich auch, weil ich mir die leisten kann.

Mein Vater hat, weil ich ihm dauernd in den Ohren lag, von einem deutschen IT Unternehmen für 30 Euro etliche Aktien gekauft. Das hätte ich mir nie leisten können. Ich bin über dieses Unternehmen nur gestolpert, weil ich Trockenübungen beim Recherchieren machte. Es hat wirklich alle Kriterien bestens erfüllt. Ich habe von diesem zufällig ausgewählten Unternehmen alle vorhandenen Geschäftsberichte genau gelesen und dabei die Zahlen und das Unternehmen für begehrenswert erachtet. Zeitgleich kaufte ich die Penny Stock Aktie, von der ich schon erzählte.

Nun hat die Aktie meines Vaters für 30 Euro sich um 7 Euro gesteigert.

(Bei 1. Korrekturlesen um 10,- beim letzten Korrekturlesen um 17,-)

Das ist beachtlich, aber nicht zu vergleichen mit meinen Penny Stocks.

Hätte ich mir für 120 Euro vier Aktien von dieser Firma gekauft, statt der 1000 Aktien aus meinem Portfolio, hätte ich jetzt 28 Euro gewonnen statt über 250 Euro durch meinen Penny Stock und das wäre schade.

Dieses deutsche IT-Unternehmen existiert allerdings schon seit über 20 Jahren und hat quasi kein Risiko. Mein gut ausgewählter Penny Stock ist im Vergleich dazu eine Risikooption. Trotzdem habe ich nachgekauft.

Ich habe Peter Lynch nicht geglaubt, als er schrieb, dass es *immer* gute Möglichkeiten geben würde. Ich dachte, er hat gut reden, er hat vom Technologie-Boom, vom Mobilitätsboom usw. profitiert. Was soll heutzutage übrigbleiben? Aber er hat Recht behalten. Ich könnte täglich in vielversprechende Penny Stocks oder solide günstige Unternehmen investieren, aber ich muss Prioritäten setzen.

Daher warte ich manchmal länger und im Falle der Elektromobilität war das vorerst gut so. Es kann sinnvoll sein zu warten. Manchmal gibt es zwar einen Kurssprung an einem Tag und der Preis wird höher, aber lieber kaufe ich eine Aktie, an die ich glaube, vier Wochen später und zahle ein paar Cent mehr.

Manchmal kann das ärgerlich sein, aber im Durchschnitt ist das Vorgehen besser für mich. Diese Strategie passt für mich, aber sie kam nicht freiwillig, sondern aus Mangel an Liquidität.

Gerade an dem Tag, als ich nach längerem Zögern Autobatterieaktien kaufen wollte, las ich neue Nachrichten und da wurde bekannt gegeben, dass China die Subventionen für E-Motorisierung einstellen wird.

Warum es noch gut war, dass ich gezögert und letztlich nicht gekauft habe, war, wie ich hinterher lernte, dass für diese Batterien ganze Landstriche verwüstet werden, um Lithium zu gewinnen.

Die Möglichkeit, durch Aktien meine Allgemeinbildung zu verbessern und zeitgemäß zu halten, ist ein willkommener Nebeneffekt. Zudem ist mit klargeworden, dass ich durch Aktienkauf mehr Macht habe, als durch meine Wahlberechtigung.

Informationen

Informationen, die Sie im Internet beziehen, sind leicht verfügbar, billig und manipulierbar. Das sollten Sie ganz klar und ohne Verurteilung sehen.

Es gibt jedoch kaum eine Alternative dazu und bei allen Einschränkungen, mit denen man den Quellen vertrauen kann, ist es unglaublich, solch eine Informationsquelle nutzen zu können. Einige Börsenbriefe kosten etwas, vielleicht sind diese zuverlässig recherchiert, die nutze ich aber nicht, da ich nach Probelesen feststellte, das die dort recherchierten Werte keine Penny Stocks sind.

Die Zeiten, in denen es großen Unternehmern vorbehalten war, Aktien zu kaufen, weil nur sie genug Zugang zu den wichtigsten Informationen hatten, sind vorbei.
Das ist noch nicht im Bewusstsein aller angekommen, sonst hätte jeder ein Aktienportfolio.
Heute spucken Algorithmen Kaufvorschläge für Sie aus, Fake News und Deep Fakes manipulieren den Aktienmarkt ohnehin schon naturgemäß, es wird aber in naher Zukunft einen weiten Teil Ihrer Informationen betreffen. Dennoch bleibt das Internet Ihre Quelle zum Gold schürfen. Sie müssen lediglich lernen, genau zu recherchieren.

Falls Sie sich für eine Aktie entschieden haben und sollten Sie nur 50 Euro, oder 30 Euro investieren, gehen Sie auf die Homepage des Unternehmens und schauen Sie sich die Kennzahlen im jährlichen Geschäftsbericht an und vergleichen Sie die letzten Jahre. Als ich das tat, bemerkte ich, dass die Kennzahlen von Internetplattformen für Börsennews nicht übereinstimmten mit den Zahlen, die in den Geschäftsberichten auftauchen.

Es waren zwar keine erheblichen Abweichungen in meinen Fällen, aber es zeigt, dass die Quellen unzuverlässig sind. Warten Sie einfach, bis Sie sich ganz sicher und gut informiert fühlen.

Kennzahlen

Lassen Sie sich nicht von den Unternehmen oder Nachrichten blenden, die von der Zukunft sprechen.
„Es sind x Euro Umsatz oder x Tonnen Ernte zu erwarten",
„Die Verträge liegen schon zum Unterzeichnen bereit, X plant Anteile von Y zu kaufen, Rückkauf von Anteilen geplant" usw…
Schauen Sie einzig und allein auf die Kennzahlen der *vergangenen* Geschäftsjahre. Ihnen sollte es um den Wert eines Unternehmens gehen!

Und ein Unternehmen, dessen Aktie 50 Euro kostet, ist nicht unbedingt mehr wert, als ein Unternehmen mit einer 5 Euro teuren Aktie.

Achten Sie als Anfänger darauf, dass der Umsatz grundsätzlich über die Jahre gestiegen ist. „Grundsätzlich" heißt, trotz gelegentlicher Einbrüche bei den Gewinnen.

Der Gewinn, der für Sie von Interesse ist, kann der Ebit-Wert sein und wenn von dem die Steuern abgezogen sind, dann ist es der Jahresüberschuss. Das sind Werte in den Kennzahlen, von denen Sie profitieren. Wenn Gewinne (Ebit / Jahresüberschuss) über die Jahre grundsätzlich stiegen, dann schaut es schon mal ganz gut aus.

Alle sprechen vom KGV, (Kurs-Gewinn-Verhältnis), das den Aktienpreis durch den Gewinn pro Aktie rechnet. Wenn der Aktienpreis nicht in guter Relation zum Unternehmenswert steht, ist das KGV keine gute Orientierung.
Kostet eine Aktie 200 Euro und der Gewinn pro Aktie liegt bei 15 Euro, wäre das ein KGV von 13, also zahlen Sie das 13-fache der aktuellen jährlichen

Gewinne für die Aktie. Das ist durchschnittlich und normal. Wenn ein KGV niedrig angegeben ist, geben Analysten der Aktie keine gute Zukunft. -Oder die Aktie ist noch nicht „entdeckt". Dann wäre es eine gute Chance, bei ausreichender Recherche. Ich jedenfalls ignoriere den KGV.
Auch das Kurs-Cashflow Verhältnis interessiert mich nicht, da der Cashflow durch Anschaffungen gemindert wird. Da ich als Unternehmensfremde nichts von den notwendigen Anschaffungen eines Aktien-Unternehmens verstehe, schaue ich hier gar nicht hin.

Es genügt für den Anfänger und für Penny Stocks, die Unternehmensgewinne wachsen zu sehen und dass das Unternehmen eine hohe Eigenkapitalquote mit wenig Schulden hat. Ein wenig Schulden sind nicht schlimm, besser ein Unternehmen hat einen günstigen Kredit, als sein Eigenkapital für Investitionen zu nutzen, denn Eigenkapital sorgt für Kreditwürdigkeit. Würde das aufgezehrt werden, würden Banken im Ernstfall nicht einspringen, um dem Unternehmen zu helfen. *Langzeitschulden* dagegen sind nicht gut für eine Kaufentscheidung. Ich würde von keinem

Unternehmen Anteile kaufen, das Langzeitschulden hat und nur 60% Eigenkapital oder weniger.

Wenn es sich aber über die Jahre von 20 % auf 60 % hochgearbeitet hat, frische Auftragsbücher vorweisen kann und sonst vieles stimmt, dann vielleicht schon. Gerade an dem letzten Beispiel ist zu sehen, dass es keine starre Regel gibt, mit der Aktien bei der Recherche sortiert werden können, es ist viel wichtiger, den Kontext und die Geschichte zu kennen.
Die Amazon-Aktie zeigt exemplarisch, dass hin und wieder Geschichte geschrieben wird.
Es geht für Sie nur um die aktuellen Ergebnisse der Aktie und nicht um die Hintergründe. Durch welche Höllen die Vorstände in den letzten Jahren gegangen sind ist unwichtig, wenn die Ergebnisse im Überblick stimmen.
Ganz wie bei persönlicher Entwicklung. Wie Sie sich entwickelten und warum Sie sind wie Sie sind, das interessiert keinen. Zu sehen ist für die anderen das Ergebnis, also Ihr Output und nicht Ihre Selbstwahrnehmung.. Das Leiden das Sie auf sich nehmen, um sich zu entwickeln – wen interessiert das schon? Ebenso sollten Sie rein auf den Output der

Geschäftsberichte schauen, wenn Sie nicht auf Roulette stehen.

Dividenden werden bei Penny Stocks natürlich nicht gezahlt, sind grundsätzlich jedoch ein Hinweis auf ein stabiles Unternehmen.
Habe ich mich dann bei meiner Recherche für maximal drei Unternehmen entschieden, lese ich deren Geschäftsberichte.

Ich las neulich einen Geschäftsbericht von einem Südafrikanischen Unternehmen, den ich als ziemlich konfus empfand und gespickt mit zu vielen Fotos unendlich wichtiger Männer. Obwohl das Unternehmen schon lange existiert und international ist, habe ich es erst mal zurückgestellt. Und das, obwohl die Kennzahlen sehr erfreulich waren und ich es wirklich gerne im Portfolio hätte.

Herausforderungen und Möglichkeiten

Ich liebe es zu arbeiten, bin immer beschäftigt, habe immer mehrere Dinge am Laufen. Auf dem Sofa sitzen, in der Wanne oder am See liegen, macht mich verrückt. Faulheit ist es also nicht, weswegen ich Geld

generieren möchte, ohne konkret dafür zu arbeiten.
Die Herausforderung, einen Weg zu finden, meine
Finanzen zu verbessern, hat mich einfach gepackt.
Jahrelang habe ich versucht, an meine Blockaden zu
kommen und sie aufzulösen. Durch meine Haltung,
durch Affirmation, hartes Arbeiten und sonstige
Techniken versuchte ich, mein finanzielles Leben zu
verbessern.
Nichts hat geholfen, auch bei meinen Bekannten
nicht, die es auf ähnlichen Wegen versuchten.
Die letzte Konsequenz für mich konnte nur sein, mit
dem materiellen Investieren zu beginnen. Da ich ein
Mensch aus Materie bin, muss Materie auch auf mich
wirken, dachte ich mir. Und es stimmte: Seit ich
begann, materiell in mich zu investieren, hat mein
Leben mal wieder eine neue Wendung, einen neuen
Drive bekommen.
Insgesamt ist mein Energiepegel gestiegen, obwohl ich
jetzt (mit Recherchen und schreiben) eine 60 - 70
Stunden Woche habe mit drei Kindern.

Ich möchte dieses zusätzliche Einkommen durch
Aktien haben, damit ich das tun kann, was ich will.
Das geht nicht in wenigen Monaten, aber langfristig
sehr wohl.

Zuvor habe ich es ansatzweise mit Multilevelmarketing versucht.

Netzwerkmarketing ist wohl nicht meine Sache, auch wenn vereinzelt Menschen davon leben können. Ich finde es unpassend, anderen Menschen was anzudrehen und eine Konsumcommunity zu bilden. Die Energie und damit die Beziehung zwischen Freunden verändert sich schlagartig, sobald man damit beginnt.

Der aufrichtigste Weg, den ich mir vorstellen kann, sind Immobilien. In einer Wohnung wohnen will ja schließlich fast jeder. Und für diesen Plan muss ich mit Aktien beginnen. Für mich als praktisch mittelloser Mensch sind Immobilien die Perle und die Aktien sind die Muschel. Ohne Muschel keine Perle. Auch Perlen entstehen nicht über Nacht und Muscheln unterliegen vielen Einflüssen, wie die Aktien auch. Welche Möglichkeiten sonst gibt es für mich? Und für Sie?

Geld + Charakter

Sauberes Geld gibt es nicht. Jeder Cent, der nicht dem nackten Überleben dient ist dreckig. Die ganzen

komplizierten Bewertungen ab wann Geld gut ist, entfallen mit dieser logischen Definition. Jeder Cent stammt aus Lug, Trug und Raub der letzten Jahrhunderte. Auch wenn er den Besitzer oder die Form und Farbe wechselt oder sogar ehrlich erworben wurde, nachdem es den Juden oder den Azteken entwendet und den Leibeigenen oder steuerzahlenden Bundesbürgern zwangsweise abgerungen wurde. Geschichte kann nicht (rein-) gewaschen werden.
Sie können mit dem schmutzigen Geld aber etwas Gutes tun, wie viele Reiche auf dieser Welt. Wenn Sie Ihr Geld nutzen, indem Sie, statt es in zweifelhafte Machenschaften zu stecken, Menschen aus der Sklaverei befreien, dann brauchen Sie keine Angst vor Geld zu haben. Menschenhandel erlebt einen Boom wie noch nie in der Weltgeschichte, irgendwo müssen ja die Abnehmer sein und leider sind sie im Westen. Es gibt unendliche Möglichkeiten, durch die Sie Ihre Meinung vom schmutzigen Geld ändern können.
Geld verdirbt nämlich nicht den Charakter, es bringt ihn zutage.
Umso mehr ist es wichtig, dass Sie sich und noch mehr Ihr Tun kennen, falls Sie reich werden wollen. Selbstverständlich ist Ihr Wesen gut und sogar göttlich, aber Ihr Charakter ist etwas anderes. Dafür können Sie

nichts, aber Sie können ihn trotzdem beeinflussen. Dafür brauchen Sie Selbstdisziplin, langfristiges Denken und einen Entschluss. Und last but not least: Eine gute und stimmige Haltung.

Sie müssen sich in Ihrem Sumpf und in Ihre unterdrückten Verzweiflung ganz klar sehen, sonst können Sie diese Tugenden nicht aufbringen *und* Sie brauchen Kenntnis über Ihr konditioniertes Gehirn, um zu verstehen, warum Ihnen das „klar sehen" trotz bester Absichten so schwer fällt.
Mit jedem Buch über Hirnfunktionen das ich lese, verstehe ich mein Verhalten (in den verschiedenen Lebensabschnitten) oder das meiner Mitmenschen besser. Es lohnt sich sehr, etwas über menschliche Funktionsweisen zu lernen.

Dazu brauchen Sie noch etwas wohlwollende Nachsicht, um Rückschläge und auch Erfolge zu ertragen, sonst werden Sie gefrustet und beschämt aufhören.
Auch Erfolg kann beschämen, nicht nur Pleiten.
Die unverziehene Fehlentscheidung und Fehlerangst tausender Menschen durch die Telekom-Aktie und andere Finanzanlagen, hat dazu geführt, dass im

kollektiven (Unter-) Bewusstsein ein Scham-Angst Alarm angeht, wenn von der Börse gesprochen wird.

Es ist für Menschen die bereits etwas gespart haben, tatsächlich ziemlich unpassend, alles Geld das als Rücklage dient, auf eine Karte zu setzen. Aber auf nutzlosen Konsum, den auch und gerade die Unterschicht kauft, zu verzichten, sollte möglich sein.

Keine Wahl

Aber Sie lesen das Buch ja, weil Sie keine Rücklagen haben.
Daher geben Sie in Zukunft Ihr Geld statt für überflüssigen Konsum lieber für Aktien aus. Monat für Monat.

Es macht wenig Sinn, für 50 Euro Aktien von verschiedenen Unternehmen zu kaufen, wegen der Ordergebühren. Wenn Sie also kleine Beträge ausgeben, dann dauert es etwas länger, bis Sie ein vielfältiges Portfolio haben.
Ein buntes Portfolio ist trotzdem langfristig wichtig, um nicht alles auf eine Karte zu setzen und einen realistischen Durchschnitt zu erreichen.

Aber für 50 Euro einen Satz Unternehmensanteile von einer Firma zu kaufen lohnt sich sehr, auch wenn ständig anderes erzählt wird. Hier zeige ich Ihnen mein Portfolio beim Onlinebroker, drei Monate nach dem ersten Kauf.

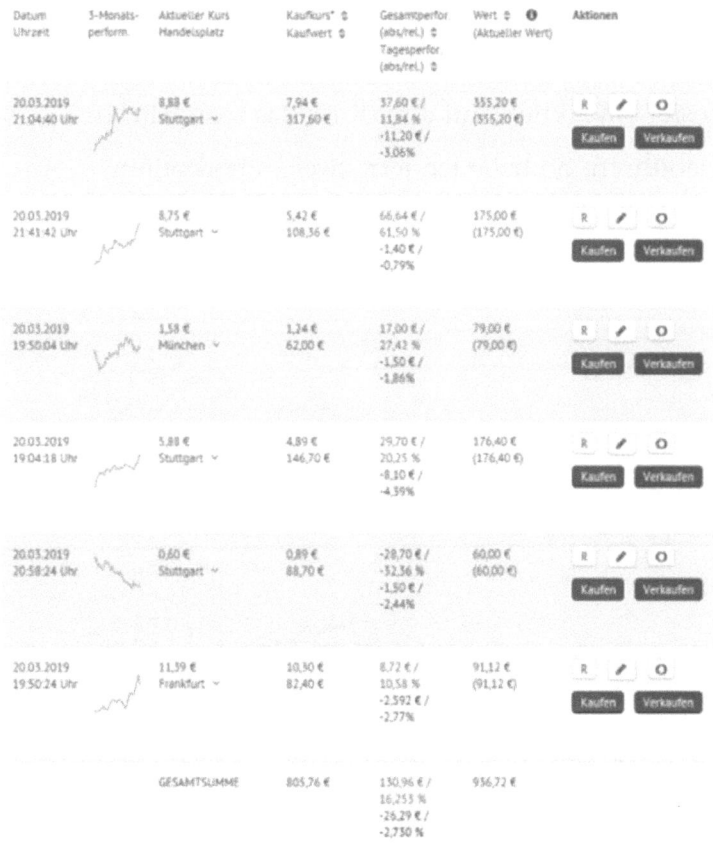

16 % in 3 Monaten, verglichen mit den 0,01 Promille, die ich pro Jahr von der Bank erhalten hätte, die mit

meinem Geld nichts anderes getan hätte, als ich es jetzt tue... Selbst mit 2 % Rendite lägen Sie heutzutage sehr gut.

Da es etwas länger dauert, ein Online-Brokerkonto zu eröffnen, habe ich bei meiner Hausbank kurz vor Weihnachten ein Depot eröffnet, das ging ganz schnell, da ich dort ja schon angemeldet war. Dort kostet ein Aktienkauf allerdings das Doppelte an Gebühren. So habe ich jetzt zwei Depotkonten.

Dieser Auszug ist hier also 4 Monate alt, hat drei Aktientypen (3 verschiedene Unternehmen) und ich habe kürzlich zu einem höheren Preis noch etliche Penny Stocks nachgekauft, was den durchschnittlichen Prozentsatz des Gewinns wieder gesenkt hat.

Anfangs, als ich begann, hatte sich eine Einlage deutlich vervielfacht, durch Zukäufe und Kursrückschläge hat sich das wieder relativiert.
Doch 49,10 % Zuwachs in den ersten 4 Monaten als Durchschnitt ist akzeptabel. Während die eine Aktie sich vervielfacht hat, ist die andere nur um wenige Prozente gestiegen, das macht dann den Durchschnitt.

Wenn Sie systematisch vorgehen, nicht alles auf einen Aktientyp setzen, wird es auf Ihrem Kontoauszug bald ähnlich aussehen.
Ich bin sicher, dass Sie zwischenzeitig verstanden haben, dass Ihr Kontostand auch mit Ihrem Leben und Ihrer Haltung zusammenhängt. Wissen ist nicht alles. Die Haltung ist der Boden für die Saat des Wissens.
Es gibt sicher vieles, was es noch zu lernen gibt. Wenn mich Freunde fragen, wie genau der Aktienmarkt und die Börse funktionieren - Ich weiß es noch nicht. Welche Probleme auftauchen können - ich weiß es noch nicht, ich hatte noch keine. Ich weiß auch nicht, wie mein Computer, mein Auto und mein Radio funktionieren. Wenn ein Problem kommt, werde ich etwas dazu lernen, das ist Investitions- oder Lehrgeld und gehört dazu.

Schule = Erfolg = Mythos

Ihre ganz natürliche hirnorganische Entwicklung zu Beginn Ihres Lebens und die Reaktionen Ihrer Umwelt auf Ihre Unreife haben viel damit zu tun, ob Sie reifen und frei lernen konnten oder nicht. Und nur Reife macht es möglich, dass wir langfristig und investiv denken können.
Unbewusste Gedankenimpulse lösen ein unbewusstes Spüren aus. Das Gespürte, meist körperlich, interpretieren wir dann mehr -oder auch weniger- unbewusst gedanklich und handeln dementsprechend. Das ganze könnte Muster oder Prägung genannt werden.
Eines dieser Muster ist Ihre Armut, d.h. Ihr Umgang mit den Möglichkeiten.
Reife ist etwas wunderbares, denn sie beeinflusst bereits am Punkt der Interpretation. Durch Reife kommt die Gelegenheit zum wirklich selbst-ständigen Handeln. Reife entsteht durch Krise und Krise entsteht durch Scheitern oder Schicksalsschläge. Diese eröffnen neue Be-wusst-heit.
Die Bewusstheit ist geschärft, durch Sensibilisierung, die durch eine durchlebte Krise eingetreten ist. Das ist echte Reife. Die neue Bewusstheit steuert die

Interpretation eines Erlebens oder des Spürens von inneren Regungen. Daher kann (nachgeholte) Reife, das gesamte Muster verändern.

Sie gingen wahrscheinlich einmal zur Schule, deren Lerninhalte nicht ausgelegt sind, natürliche Entwicklung und natürliches Lernen zu begleiten, sondern um die spezielle Intelligenz der linken Hirnhälfte zu trainieren und zu nutzen. Konzentrieren, auswendig lernen, linear denken, langfristig denken... alles in der linken Hirnhälfte. Erinnern Sie sich?
Da Schule mittlerweile für viele Kinder mit fünf Jahren beginnt, in dieser Zeit aber die linke Hirnhälfte, die für das systematische Lernen zuständig ist, noch lange nicht gut nutzbar ist, leben die meisten Kinder in einer jahrelangen Überforderung. Kinder spüren, dass sie nicht wirklich reif für die Anforderungen sind, auch wenn Kinder sich aufgrund ihrer Abhängigkeit natürlich gut dressieren lassen. Kinder schalten sich ab, um da hindurch zu kommen. Auch Sie waren ein Schulkind.
Ganzheitlich integriert wird all das „Wissen" nicht, das ist nicht möglich, wegen der mangelnden Hirnreife. Kinder sind bis Mitte 20 nur bedingt und nur lernend in der Lage, die linke Hirnhälfte adäquat zu nutzen, da

sie erst einmal die rechte Hirnhälfte ausentwickeln müssen. In der Pädagogik kennt man das unter Egozentrismus. Die Natur hat es so vorgesehen, dass eine Ausreifung nach der anderen geschieht.
Die tägliche Überforderung – da die hirnorganische Unreife in der Schule nicht berücksichtigt wird- wird allerdings zur Gewohnheit des Heranwachsenden.
Mit viel Training wird sich durch die Schule durchgewurschtelt, oder das Kind versagt sozusagen. Nur für wenige ist wirklich passend und erfüllend, was sie da erleben. Dass das Training wegen der Unreife nötig ist, auch das die Schule keinen Stoff vermitteln kann bei hirnorganisch unreifen Kindern, weiß jeder Lehrer, daher gibt er Hausaufgaben auf und macht Druck mit Noten. Vielleicht weiß es auch nicht jeder Lehrer, dann handelt er aus unhinterfragter Tradition.

Wirklich reifes, ins Leben integrierbares Wissen und Bildung, kann in schulischen Strukturen nicht realisiert werden. Aber nur das wäre ein Wissen, das *uns als ganzen Menschen* erfolgreich machen kann.
Wir können also wirklich nichts dafür, dass wir arm leben. Im Grunde sind wir alle wie unreife Kinder, die das Leben nicht in die Hand nehmen können, weil wir

von einem Trauma ins nächste geschubst wurden.
Trauma verhindert eben Reifung.

Manche Menschen hatten sicher mehr Glück als andere, aber Statistiken, die auf unglückliche, überarbeitete und immer ärmer werdende Menschen aufmerksam machen, sprechen für sich und weisen darauf hin, dass etwas schief steht.
Und da es so viele Menschen betrifft, kann es nur am Bildungssystem liegen, welches wir *alle ausnahmslos durchlaufen müssen*.

An den Universitäten kann man diese – pardon – Hirnakrobatik sehen und sich nur wundern, warum gerade an Universitäten solch eine lernfeindliche, tradierte, angepasste, konservative, wenig innovative Haltung herrscht. Was man dort lernt ist vorwiegend akademische Etikette, darunter die Kunst, Dinge zu verkomplizieren und sich „abzuheben". Daher kommen unsere Lehrer und auch Politiker! Ich hörte gestern, dass sich diverse begehrte Studiengänge vom NC verabschieden und andere Eignungstests etablieren wollen. Scheinbar kommt eine Art Selbsterkenntnis allmählich auch in akademischen Kreisen an.

Ich ehre und achte Wissenschaftlichkeit, überwinde aber tradierte, fragmentierte Wissenschaft genauso gerne. Und ganz besonders dieses Buch ist keine wissenschaftliche Hausarbeit oder eine Bedienungsanleitung, sondern ein Anreiz zum eigenständigen Handeln.

Die meisten Menschen wie Sie und ich fanden keine guten Bedingungen in einer komplexen Welt vor. Und vielen ist das nicht einmal klar.

Begonnen mit dem normalen Wahnsinn eines auf Geld verdienen ausgelegten Elternhauses, einer individuationsfeindlichen Schulerziehung und der Selbstverständlichkeit, als junger Mensch mit Null bei Null zu beginnen, ist es tatsächlich schwer, zu glauben und zu verstehen, dass Geld für einen arbeitet. Bisher hatte man ja nur selbst zu arbeiten und zu kämpfen.

Entwurzelt

Die für Reichtum und gute Beziehungen wichtige Fähigkeit, die rechte Hirnhälfte gemeinsam mit der linken zu nutzen, wurde in der Schule nicht gefördert und übers Reichwerden oder Geldverdienen ist dort ebenfalls nie gesprochen worden. Und angeblich geht es an unseren Schulen darum, uns lebenstauglich zu machen!

Das ist kein neues Phänomen, schon Marx kritisierte das und prophezeite, dass nur durch Bildungselemente das Problem der Armut behoben werden könne. Damit meinte er nicht, dass eine gute Schulausbildung Reichtum oder finanzielle Sicherheit garantiere, sondern, dass Schule, Lehrer und die Politiker des Bildungswesens einen Paradigmenwandel brauchen, wenn Armut als solche eliminiert werden solle. (wolle) Ein echter Wertewandel an Schulen wird heute auch durch Hirnforscher gefordert. Marx, der die tiefen Auswirkungen von Bildung durch die Schule schon vor etwa 200 Jahren erkannte und Klartext sprach, bleibt bis heute völlig unerwähnt in diesen Diskursen. Er ist leider oft nicht verstanden worden, damals wie heute. Der Scham der Armut schauen wir eben nicht gern ins Gesicht und niemand drückte das Problem deutlicher und präziser aus als Marx.

Hirnforscher und Marx wollen beide das Gleiche auf verschiedenen Ebenen. Hirnforscher haben das Individuum im Blick, Marx die Gesellschaft. Beide haben aber das gleiche Ziel: Eine Utopie der Potentialentfaltung für alle Menschen.

Schulen sollen Sie vermeintlich auf das Leben vorbereiten, damit Sie finanziell gesichert leben können.
Ich frage mich, wie das gehen soll, wenn nie über Geld und die Prinzipien und Gesetze von Geld und Wirtschaft gesprochen wird. Und wenn, dann nur „politisch korrekt", was recht wenig mit der Realität zu tun hat sondern ehr einem Leitfaden für Bankberater in der Ausbildung ähnelt.

Die Schule hat bei unendlich vielen Kindern und Eltern durch Druck deren Beziehungen ruiniert, Eltern geben ihre freiwillig oder gezwungen Verantwortung am Schultor ab und bringen Ihren Kindern nichts mehr über das Leben bei.
Die Begründung für diese Degradierung der Eltern lautet unterschiedlich, aber im Prinzip so: Sie sind nicht in der Lage, lebensnotwendiges Wissen, dass zu einem freien Bürger erzieht, zu vermitteln.
Seltsam – diese Leute, die Eltern, waren doch auch mal in der Schule – wie kommt es denn, dass sie nicht in der Lage sind, die eigenen Nachkommen zu erziehen?
Des Weiteren wird im Gespräch über Schulpflicht oft erwähnt, dass es viele Familien gibt, deren Kinder froh sind und froh sein können das Elternhaus

stundenweise zu verlassen. Dazu kann angemerkt werden, dass das Rechtshirn-Trauma aus der Familie leicht zu überstehen wäre, es ist ja quasi genetisch erwartet und die Möglichkeit des Umgangs mit den Schwierigkeiten liegt ja auch im Blut. Die traurigen Ausnahmen sind uns allen ebenfalls klar, doch sie rechtfertigen nicht den generellen Schulhauszwang. Eltern und Lehrer geben ihren jeweiligen Druck, unter dem sie stehen, direkt an die Kinder weiter. Kinder sind die bemitleidenswertesten Kreaturen, die man sich vorstellen kann. Das bestimmt unsere Gegenwart und unsere Zukunft und die Erfahrung der Kindheit hat auch Sie und Ihre heutiges Jetzt geformt.

Die Schule entwurzelt viele Menschen, fast nur die Kinder von Wohlhabenden bekommen durch ihr Elternhaus eine echte Kultur, Bildung und auch Wurzeln.
Diesen Eltern erscheint es wichtig, den Wohlstand zu halten und diese Eltern wissen, dass Schule alles andere als wichtig ist, um erfolgreich zu sein. Dementsprechend entspannter sind sie. Das „System" weiß darum, daher sieht es keine Notwendigkeit, etwas zu ändern.

Allen Anderen Menschen wird die Grundlage, nämlich eine gesunde, natürlich begleitete Hirnentwicklung durch verfrühte Dressur der linken Hirnhälfte bei Unreife entzogen, hinzu kommt Vernachlässigung des weiteren Hirnpotentials, plus jede Menge Druck.

Durch die Überforderung der Kinder in der Schule entsteht ein (Linkshirn) Trauma, das gepaart mit dem (emotionalen) Rechtshirntrauma der frühen Kindheit keine Regulationsmöglichkeiten mehr bietet. Dass das Verhalten der Kinder von heute eine Menge Fragen aufwirft, ist ja jedem bekannt. Und ich frage mich, wie sehr das alles durch eine veränderte Bildung durch Schule beeinflussbar wäre.

Zudem ist Reichtum den Rollen, zu denen die Schule erzieht, einfach nicht vorbehalten. Daher wissen Sie auch nicht, wie man reich wird. Sie ist ein Selektionsinstrument. Als mein Mann Lehramt studierte, las ich seine Literatur mit und einmal dachte ich ernstlich, dass ich entweder eine Satire oder ein Produkt aus der Vorkriegszeit vor mir hatte. Da stand drin, wie wichtig es ist, unbedingt schlechte Noten zu geben, damit die Gesellschaft von minderwertigen Arbeitern getragen werden kann. Ich war fassungslos, als ich bestätigt bekam, dass dies ein aktuelles und vor allem ernsthaftes Lehrmaterial für zukünftige Lehrer war. Noten *müssen* so verteilt sein, dass auf jeden Fall Versager produziert werden. Der Lehrer muss seine Bewertungskriterien so anpassen, das er das gewährleisten kann. Ständig stehen die Kinder vor der Angst, abzurutschen. Was für ein Leben.

Über viele Jahre hinweg so erzogen, ist Haltlosigkeit und Entwurzelung die Folge einer fraktionierten, nicht ganzheitlichen Erziehung.

Das verhindert ganzheitliches Gedeihen, denn das Kind ist ständig mit dem Kampf um Balance und dem Krampf der überforderten Hirnhälften beschäftigt. Kinder werden so zu ideenlosen Erwachsenen, die gefügig zwischen den Rollenbildern von Berufen wählen, die man ihnen zur Verfügung stellt, weil sie sich aus eigener Kraft nicht zutrauen, sich einen eigenen Platz zu schaffen.

Wem die fertigen Rollen nicht passen, wird aussortiert in die industrielle Reservearmee der Arbeitslosen, die es der Industrie ermöglicht, Dumpinglöhne zu zahlen. Wird in der späten Jugend eine vermeintlich passende Rolle angenommen, sorgen barsche Ausbilder oder miese Kollegen schon dafür, den letzten Rest Kreativität und Lebendigkeit in diesem Menschen zu zerstören. Wo ich bin, schaue ich mir mit wachen

Augen arbeitende Menschen an und wie sie miteinander umgehen.

Ich staune über den Umgang miteinander. Ich bin dankbar, mich nie wieder mit solchen Kollegen und Chefs auseinander setzten zu müssen.

In der letzten Zeit mache ich diese Menschen darauf aufmerksam, wie sie auf mich wirken, wenn sie derartig mit Kollegen umgehen, weil ich mir das einfach nicht mehr ansehen will.

So oder so ähnlich ist es höchstwahrscheinlich auch Ihnen gegangen. Vielleicht nicht ständig, aber Sie wissen, wovon ich spreche.

Hätten Sie etwas über das Leben mit Geld gelernt oder wie Sie sich eine Existenz aufbauen oder gar Ihre Anlagen leben, würden Sie dieses Buch nicht lesen.

Einen Beruf zu haben und ihn auszuüben, bedeutet nicht automatisch, dass Sie es „geschafft" haben.

Mut

Wären Sie in Ihren individuellen Stärken gesehen und gefördert worden und zwar zur rechten Zeit und nicht nach Schema F, wären Sie nicht zu Konkurrenz und Fehlerangst erzogen worden, dann hätten Sie längst ihren Platz im Leben mit passender Honorierung gefunden, statt verzweifelt zu versuchen, eine Rolle auszufüllen, die recht wenig mit Ihnen zu tun hat und Ihnen nicht mal eine vernünftige Altersversorgung bietet.

Das Gute ist, dass Sie heute den Mut gefunden haben, etwas verändern zu wollen. Sie wissen vielleicht noch nicht wie, weil Sie mal wieder planen wollen, gerne Sicherheiten hätten und ganz natürlich noch *keinen* Plan haben.

Aber mit dem ersten Schritt beginnt der Weg.

Eine einfache, kleine Veränderung in Ihrem Muster kann das gesamte Muster bewegen. Geben Sie der rechten Hirnhälfte mal wieder mehr Raum und gehen einfach mit der Veränderung Ihrer Muster mit, statt sich selbst verändern zu wollen, in der Hoffnung, dass die Muster sich ändern. *Sie* sind das Muster.

Daher können Sie auch am Muster arbeiten, statt an sich herumzumäkeln.

Schauen Sie, was das Leben von Ihnen will und nicht, was Sie vom Leben wollen. Aber: *Sie setzen die Impulse!*

Nur eine kleine Sache anders tun, etwas Unerwartetes und Neues tun, hilft schon. Ich sage nicht, etwas anders machen, sondern etwas anderes *tun!*

Das nächste Mal, wenn sie auf einem Shoppingportal Konsumgüter suchen, öffnen Sie im Tab nebenan Ihr Depot, überlegen und fühlen ein wenig in sich hinein und ich wette, Sie schließen die Shopping-Homepage und kaufen sich lieber neue Aktien.

In zwei Jahren werden Sie viel gelernt haben und unterm Strich sicher über mehr Geld als heute verfügen.
Vielleicht haben Sie sich, um mehr Geld für Aktien zu verdienen, nach neuen Verdienstmöglichkeiten umgesehen und stehen dadurch in zwei Jahren an einem ganz unerwarteten Punkt.

Wissen Sie, dass wenn es an der Börse bergab geht, dem sogenannten Bären-Markt, für Sie die Chance besonders groß ist, Geld zu verdienen? Beate Sander, Flüchtlingskind und Lehrerin ist gelungenes Beispiel für diese Strategie.
Gerade wenn die Preise fallen, können arme Menschen Aktien kaufen. Sofern Sie vorher lange genug recherchiert haben und wissen, welche Trends selbst bei schlechter Wirtschaftslage weiterhin benötigt werden und welche Unternehmen genug Reserven haben. Vielleicht verpassen Sie auch gute Chancen

und bemerken es hinterher schmerzlich. Dann lassen Sie sich von Fehlschlägen nicht entmutigen!

Auch wenn wir aus Gewohnheit und aus Schulerfahrung heraus überhaupt nicht fehlerfreudig sind, sollten wir aus Fehlern lernen, statt nicht hinzusehen, sie abzulehnen oder sie beschämt unter den Teppich zu kehren, was in der Regel mit Fehlern passiert. Ich habe viele Verwandte, die nicht mehr an die Börse gehen, weil sie einmal etwas oder alles verloren haben...

Daher brauchen wir langfristiges Denken, emotionale Kontrolle, Fehlerfreude, Angstfreiheit. Das sind alles Attribute, die unserem Gehirn entspringen. Aber es gibt Hoffnung, denn zum Glück ist unser Hirn neuroplastisch (veränderbar) bis zum Tod. Wir müssen unsere Hirnfunktionen kennen, dadurch verändern wir sie, meint Daniel Siegel über sein „Mindsight".

Sich fragen

Durch neue Erfahrungen verändert das Gehirn -und so auch wir- die Strukturen.

Es ist jederzeit möglich, neue Erfahrungen zu machen und die Neuroplastizität des Gehirns für sich zu nutzen.

Aber auch durch echte Fragen verändert sich die Hirnstruktur. Das sind solche, die nicht bereits eine vorgefertigte Antwort hinterlegt haben.

Also nicht wie in Schule oder Ausbildung. Eine offene Frage, bei der jede Antwort möglich ist. Das nennt sich auch „Aformation". Eine Frage, bei der wir der Zeit und dem Universum die Möglichkeit geben, uns zu *zeigen* was wir wissen wollen. Es ist eine Umformung dessen was da ist, im Gegensatz zu Affirmation, des Versuches, sich selbst etwas einzureden.

Durch die Erkenntnisse der Logosynthese (die Macht des Wortes in der energetischen Psychologie) steht die reelle Möglichkeit der Aformation außer Frage.

Es gibt also die große Chance, dass Sie, sofern Sie den ersten Schritt gehen, an ein unerwartetes Ziel kommen. Besonders, wenn Sie sich die „richtige" Frage stellen.

Glauben Sie, Sie haben finanzielle Entspannung verdient?

Stellen Sie sich täglich und ergebnisoffen die Frage: „Wie kann ich zu finanzieller Entspanntheit kommen?"

Können wir annehmen, oder hindern Glaubenssätze uns, über ein gewisses Limit hinaus nichts mehr annehmen zu können? Wie können wir empfangen *und* annehmen?

Stellen Sie sich die Frage: „Welche Glaubenssätze hindern mich daran anzunehmen?" Was würden Sie eigentlich tun mit viel Geld?

Können Sie sich das überhaupt vorstellen? Was würden Ihre Freunde und die Familie sagen und denken? Können Sie wirklich damit leben?

Können Sie Bewunderung aushalten? Können Sie mit Neidern leben und mit Menschen, die Ihrem Richtungswechsel nicht folgen wollen oder können? Würden Sie weiterhin das Geld vermehren wollen und sparsam leben, oder denken Sie jetzt schon an wunderbare Statussymbole?

Wohlstand - unser Denken auf die Füße stellen

Wohlstand beginnt im Inneren. Da unendlich viele psychologische und spirituelle Ratgeber zu dem Thema grundsätzlich an dieser Haltung bzw. inneren Ein-Stellung beginnen und die meisten Leser trotzdem nicht reich geworden sind, habe ich beschlossen, das Thema mal vom Kopf auf die Füße zu stellen.

Nicht der Geist produziert die Materie und das Umfeld, sondern das Umfeld bzw. die bestehenden Tatsachen, unsere Lebensrealität, den Geist.
So lautet das philosophische Konstrukt von Marx, im Gegensatz zu der herrschenden Philosophie von Hegel und der Aufklärung, die meinen, der Geist forme die Welt oder sei gar die Welt.

Beides gehört zusammen und stimmt, aber da die eine Variante finanziell offensichtlich nicht wirkt, musste die andere in meinem Fall mal herhalten.

Konsequenterweise ist mein Ratschlag mit einer neuen Handlung zu beginnen, auch wenn die Haltung noch nicht da ist. Aus Handlung wird Haltung, so wie man auch mit seiner Verantwortung wächst.

Wie sollen Sie in das Gefühl von Wohlstand kommen, um ihn dann durch den Geist zu produzieren, wenn Sie noch nie gesehen haben, wie Ihr Geld ohne Zutun mehr wird? Wie, wenn Sie es noch nie und bei niemandem miterlebt haben?
Wir Menschen sind in höchstem Maße darauf ausgelegt, kopierend zu lernen. Fehlt die Kopiervorlage, fehlt die Möglichkeit zum Lernen. Je

mehr die Menschen die natürliche Funktionsweise des Kopierens nutzen, umso erfolgreicher werden sie.

Die bemitleidenswerten Bildungsexperten, die glauben, die chinesische Bildung sei unserer überlegen, täuschen sich. Der Erfolg der Chinesen liegt im Kopieren. Deren straffes Bildungswesen ist eine Notwendigkeit wegen der immensen Bevölkerung – es ist ein Werkzeug zur Aussortierung.

Das können wir uns im demographisch unterlegenen Deutschland wirklich nicht leisten.

Wie sollten Sie also eine vernünftige Bestellung beim Universum tätigen, wenn Ihr hirnorganisches Vermögen gar nicht dazu in der Lage ist, aufgrund alter kultureller, familiensystemischer Erfahrungen und Verstrickungen und Traumata und ganz besonders mangels Vorbilder, denen Sie nachtun könnten?

Was ist eigentlich „arm" für *Sie?*

Für mich ist arm, wenn man nicht TUN kann, was man möchte.

Ich meine mit „tun" nicht shoppen gehen, sondern wirklich *tun*.

Ein Millionär ist arm dran, wenn er es nicht schafft, sein Potential zu leben.

Wir wollen ja Geld, damit wir frei sind, das zu tun, was wir tun wollen.

Das wir es schwer haben, unser Potential (unsere Anlagen) zu leben, liegt daran, dass Immaterielles in unserem Denken als Punkt eins in der Reihenfolge steht.
Wir glauben, der Geist und das Denken kreieren oder lösen *immer* die Lebensumstände. Diese Ausschließlichkeit blockiert das Potential der Möglichkeiten.
Das nahezu alle so denken und tun, macht es nicht gerade leichter da klar zu werden.
Generell ist es oft eine falsch aufgezogene Reihen-Folge, die Er-Folg verhindert.
Wenn Sie also wirklich, ganz wirklich, etwas tun wollen, für das Sie sich als zu arm einschätzen, tun Sie es! Warten Sie nicht, bis genug Geld da ist. Dadurch wird Geld kommen.
Die Freiheit, um die es uns geht, brauchen wir doch nur, um das, was in uns angelegt ist, leben zu können. Fangen wir doch besser gleich damit an, dann kommt die Freiheit, die wir eigentlich ohnehin haben, ins Bewusstsein.

Wenn Sie reisen wollen, können Sie das, auch mit extrem wenig Geld. Sie würden Wege finden, sich das Not-wendige zu leisten. Dafür gibt es im Internet genügend Vorreiter mit den verschiedensten Modellen.

Sie werden sich reich fühlen und innerlich satt. Durch und während Ihrem Tun würden Sie, wenn Sie das wollen, eine Möglichkeit finden, um *genau damit* Geld zu generieren. Ebenso bei anderen Potentialentfaltungswünschen. Legen Sie einfach los mit dem TUN. Haben Sie etwas zu sagen? Sagen Sie es. Haben Sie etwas zu gründen oder aufzubauen? Tun Sie es, oder fangen Sie zumindest an.

Sie werden merken, dass das größere Problem darin besteht, nicht zu wissen, was man *wirklich tun* will. Wir wollen nicht arm sein, aber was wir tun wollen, *wo-zu* wir das Geld brauchen, wissen wir gar nicht. Deswegen kommt es nur sehr zögerlich.

Daher beginnen Sie doch ganz einfach und leicht, ohne Angst vor finanziellem Ruin (Das ist Ihr aktueller Vorteil gegenüber reichen Menschen) mit dem Kauf von Aktien. Wenn Sie dann irgendwann wissen, was sie genau tun wollen, tun Sie es.

Bei den Aktien ist der nämlich der Sinn zugleich auch der Selbstzweck.

Das ist schon mal eine gute geistige Einstellung, besser jedenfalls, als sich dauernd verschiebende Wünsche und Prioritäten.

Es ist, neben dem Aufnehmen von Selbstständigkeit, die ja auch erst mal erfolgreich werden muss, die einzige legale und für Sie gesunde Möglichkeit, um Geld zu vermehren. Um Aktien zu kaufen, müssen Sie intern und extern nicht allzu viel verändern.

Weder sich noch Ihre Lebensumstände. Die Möglichkeit, durch Aktien Geld für sich arbeiten zu lassen, wird vielleicht gerade deswegen oft übersehen, weil es so leicht ist. Wir haben oft das Gefühl, es dürfe nicht leicht gehen, denn dann ist es ja nichts wert. Dadurch dass Sie sich um Ihr Portfolio kümmern, kreieren Sie nebenbei ganz automatisch das Spannungsfeld, das Sie herausfordert, Ihre Anlagen und Ihr Potential zu entdecken.

Nachrichten

Wenn Sie also mit den Aktien beginnen, werden Nachrichten für Sie eine neue Bedeutung bekommen. Den allgemeinen Nachrichten, besonders denen bezüglich des Finanzmarktes, sollten Sie eher skeptisch gegenüberstehen. Die vermitteln nämlich das Gefühl, das Betätigung im Geldgenerierungsmarkt schwer sei und kaum zu überschauen.

Lassen Sie nicht zu, dass Ihre Kindheitstraumata Macht über Sie ergreifen, durch gezielte Verwirrung und Re-Traumatisierung der Medien, die nur von einer Sache profitieren: Von der Kontrolle über Ihr Hirn und Bewusstsein.

Und das geht am besten durch Re-Traumatisierung eines in der Kindheit sicher bei jedem von uns erlebten Trauma: Existenzangst und Bedrohungsgefühle durch Überforderung und Ohnmacht sowie der Angst vor Scheitern.

Das kennen wir, da fühlen wir uns zuhause. Daher akzeptieren und lieben wir die Manipulation durch Nachrichten, wie wir übermächtige Eltern akzeptierten.

Existenzangst schüren zu können, bedeutet Macht zu haben wie eine Mutter oder ein Vater. Und auch die spirituell angehauchten Dokumentationen, die uns die Wahrheit über das System suggerieren wollen, tun ebenfalls meist nichts anderes, als das auszunutzen, sogar in stärkerem Maße als die Tagesnachrichten, sie haben ja einen höheren Selbstbehauptungsdruck.

Es gibt zum Aktienkauf in Wahrheit kaum etwas zu sagen. Wer bei Onlinehandelsplattformen einkaufen kann, kann auch Aktien kaufen. Seit es Xetra und Tradegate als Märkte gibt, ist es noch leichter geworden.

Wenn mich Freunde fragen: „Du gibst also keine konkreten Tipps was man an der Börse tun muss?" Ist die Antwort: „Nein". Diese Tipps kann man sich überall herholen, viel entscheidender ist die Haltung und das psychologische Wissen das ich brauche, um Aktien möglichst gut durch zu bringen.

Wer dann einwendet, der Aktienmarkt hänge von vielem ab und das sei schwer zu durchschauen, hat natürlich recht. Wie die gesamte Weltwirtschaft schwer durchschaubar ist, also auch der Konsum-Einkauf auf einer bekannten Internethandelsplattform, ist auch der Aktienhandel komplex. Bei einer echten Krise werden Sie ohnehin gebeutelt, ob mit oder ohne Aktien. Bevor sie ein in Indonesien gewebtes Shirt aus afrikanischer Baumwolle kaufen, das aus England über eine Internetseite versendet wird nachdem es in Italien genäht wurde, recherchieren Sie auch nicht alle Details und Handelsbeziehungen und -Bedingungen die das möglich machen.

Von den Superreichen und Reichen ist der Durchschnitt nicht intelligenter als der Durchschnitt der Restbevölkerung. Das bedeutet, es kann nicht so schwer sein es ihnen nach zu tun. Diese Leute sind einfach superreich, weil sie Geld für sich arbeiten lassen.

Eine große deutsche Tageszeitung hat kürzlich in Ihrem Wirtschaftsteil über Risikotage im Börsenjahr gesprochen. Viele Sätze später, die sich aus dem Blickwinkel des DAX am Börsengeschehen orientierten, hieß es in etwa:

Das Einzige, was Sinn macht, ist langfristig zu denken und zu investieren und sich selbst zu kontrollieren, weil alles andere Zockerei ist.

Egal wie undurchsichtig es verpackt wird: Es gibt nur wenig neue und kaum gute Tipps. Die wichtigsten habe ich bereits erwähnt, daher sind Haltung und Reife, d.h. „ein sich Erheben über das was man bisher erlebte und tat", viel wichtiger als Strategien.

Jetzt

Ich habe JETZT angefangen. Wenn alle Menschen reich werden würden, wäre die Elite keine Elite mehr. Es ist daher nicht in deren Interesse, dass alle reich werden. Es wird früher oder später Einschränkungen an der Börse oder mindestens erschwerte Möglichkeiten für Arme geben. Wenn Medienrummel nicht mehr genügt, um die verängstigten „kleinen Männer und Frauen" in Schach zu halten, werden eben die Gesetze angepasst.

Einfache Kurskorrekturen des Marktes werden bisher von den Medien genutzt, um vor dem unberechenbaren und „gefährlichen" Aktienmarkt zu warnen.
Wenn Sie Lust haben, suchen Sie nach solchen Warnungen der letzten Jahre. Die abgeschreckten Privatanleger wären schon Millionäre, wenn sie sich nicht hätten abschrecken lassen. Medien sind bekanntermaßen nicht unabhängig.
Sie sind im Besitz des Geldadels. Und Sie wissen ja... Adel verpflichtet...
Normale Kurskorrekturen sorgen dafür, dass der Aktienwert sinkt, was heißt, dass die Aktien weniger kosten. Das ist keine Wirtschaftskrise.
Der Anleger sieht natürlich sein Guthaben auf dem Konto sinken und es wird befürchtet, dass ihm alles Geld verloren gehen könnte.

Also verkaufen Durchschnittsanleger, falls sie nicht ohnehin die automatische Verkaufsfunktion aktiviert haben.

Gut ist solch eine ausgeprägte Korrekturphase für Großaktionäre, die dann die Möglichkeit haben, günstig Aktien nachzukaufen.
Die Panik bei vermehrten Verkäufen, verursacht dann weitere Kurssenkungen.
Kaufen allerdings zu viele Menschen in einem aufsteigenden Markt, kommt das Börsengeschehen einem *echten* Kollaps ziemlich nahe.
Es muss also dringend vermieden werden, dass eine Kaufeuphorie eintritt.
Daher die auf kleinere Privatanleger zugeschnittenen ständigen Warnungen der Medien.
In manchen Ländern mit großer sozialer Schere ist es weitaus weniger attraktiv bis unmöglich, für arme Leute, an die Börse zu gehen, weil die Gebühren ganz bewusst exorbitant gehalten werden. So kann der Aktienmarkt, wenn auch unberechenbar, einigermaßen überschaubar bleiben.

Da neuerdings immer mehr Menschen ihren Hausbanken misstrauen und sparen auf der Bank

sinnlos ist, kommen wieder mehr Anleger auf die Idee, Aktien zu kaufen. In den Neunzigern war es der Technologieboom, heute sind es die mangelnden Anreize zum Sparen, welche die Menschen in den Aktienmarkt treiben. Die zunehmende Zahl der Privataktionäre wird nicht ohne Auswirkung auf die Gesetzeslage bleiben. Oder auf das Verzinsungsverhalten der Banken.
Das war mein Entscheidungsgrund für das JETZT.

In vielen Kreisen sind Aktienbesitzer als „Möchtegerne" oder „will was Besseres sein" eingestuft. Außer in manchen alternativen Kreisen, dort ist man sogar der Gefahr ausgesetzt, nicht mehr dazuzugehören. Auch der Gegenwind der Familie und die Angst, Freunde zu verlieren, mindern den inneren Ansporn.
Aber wenn wir es schaffen, unsere Gefühle zu sortieren und zu erkennen, welche Gründe uns wirklich abhalten, erfolgreich zu sein, sollten wir das überwinden können.
Trotzdem: Wenn Sie erfolgreich sein wollen, ist es besser, Sie behalten Ihre Absichten bei sich, bis Sie sie in die Tat umgesetzt haben. Ich erzähle meine Projekte erst, wenn ich merke, dass es gut läuft. Auf

Schadenfreude in einer fehlerunlustigen Gesellschaft habe ich so wenig Lust wie jeder andere auch, da lerne ich lieber allein.

Wenn Sie heute ein Onlinebroker-Konto beantragen, werden Sie in zwei Wochen Zugriff darauf haben. In diesen zwei Wochen gehen Sie in Börsenforen, suchen sich einen Sektor raus, in den Sie investieren wollen und suchen innerhalb dieses Sektors ein Unternehmen mit zur Zeit günstigen Aktien und guten Kennzahlen in den letzten Jahren.
Sie werden immer besser werden und einen Riecher entwickeln.
Es geht ja um das eigene Geld! Da sind wir alle enorm lernbereit.

Selbstverständlich brauchen Sie nicht Penny Stocks zu kaufen!
Für mich ist es psychologisch wichtig, mehrere Aktien in meinem Depot zu sehen. Rechnerisch ist es natürlich egal.
Wenn Ihre einzige 100 Euro-Aktie sich verdoppelt, ist es das Gleiche, als wenn 100 Stück Aktien à 1 Euro sich verdoppeln. Meine Beobachtung ist aber, dass es bei höherpreisigen Aktien länger dauert.

Dafür hat man tendenziell weniger Risiko, als bei Penny Stocks und kann vielleicht mit Dividenden als Belohnung rechnen. Etablierte Unternehmen die seit Jahrzehnten Dividenden ausschütten sind u.U. sicherer für Anleger.

Beobachten Sie also die Aktie, hinter deren Unternehmen Sie stehen!
Wenn Sie die Aktie mögen, etwas Zeit und auch noch ein bisschen von Ihrem wenigen Geld in sie investieren, werden Sie sie nicht leichtfertig verkaufen, falls die Zeiten mal schwieriger für Ihre Aktie werden. Haben Sie allerdings belanglose Bänkertipps eingekauft, ohne jede persönliche Investition und Bindung, sind die Aktien Ihnen auch nicht allzu viel wert, so dass Sie sie leichter verkaufen, wenn irgendeine Erschütterung naht.
Außerdem war der Aktienkauf dann nicht *Ihre Entscheidung*, sondern eine Empfehlung. Wenn Sie eine innere Beziehung mit Ihren Unternehmen eingehen und Energie in die Aktien stecken, wie Sie sie auch in junge Pflänzchen stecken, wird Ihre Intuition geschärft bleiben und immer schärfer werden. Ohne Beziehung und Verbundenheit, erreicht durch Investition, gibt es keine Intuition. So sind wir

Menschen angelegt, sehr sicher funktioniert dieses Prinzip der Verbundenheit.

Ohne langfristiges und abwägendes Denken und mit einem limbischen System in gewohnheitsmäßiger Angst, können Sie emotionale Impulse, die ganz oft mit Intuition verwechselt werden, nicht kontrollieren oder rational zuordnen.

Der Angst können wir entgegentreten, wenn wir unser Projekt als Lern-Spiel betrachten. Priorität sollte tatsächlich die Haltung des Lernens in spielerischer Leichtigkeit haben. Nur wenn wir nicht im Alarmmodus des Lebensernstes sind, sind wir in der Lage, selbstkontrolliert zu agieren.

Selbstkontrolle verbindet die Hirnhälften und Selbstbeobachtung beruhigt das limbische System, falls es doch wieder zu ernst wird.

Das sind zwei ziemlich gute Werkzeuge, um „geschickt" durchs Leben zu kommen. Es ist ganz natürlich, dass, wenn es ums (eigene) Geld geht, schon mal Emotionen aktiviert werden können. Emotionen wollen schnell befriedigt und erlöst werden, Intuition hat dagegen innere Ruhe zur Folge. Daher ist es ratsam, die Emotionen zu prüfen und eher zuzuwarten. Mit dieser

Strategie kann man übrigens auch einen Haufen unpassender Partner aussortieren.

Wenn Sie mit Aktien als Spiegel oder als Parameter für sich arbeiten, wird Ihre Investition aber in jedem Fall belohnt werden.
Was Sie im aktiven Handeln über sich und mit sich lernen können, wird Ihnen in vielen anderen Bereichen des Lebens weiterhelfen. Damit meine ich nicht nur das Handeln mit Aktien!
Betrachten Sie Ihr Aktienportfolio einfach als Möglichkeit zu wachsen und zu reifen. Wenn Sie Ihre Investitionen mit vollem Bewusstsein und der Verbindung zu einer höheren Angelegenheit sehen, wird es Ihnen leichter fallen, erfolgreich zu sein.

Wenn wir also nicht nur Geldgewinn im Blick haben, wird es einfacher für uns, mit Geldgewinnen umzugehen, weil unser Gehirn und unsere Psyche besser funktionieren, wenn Dinge ganzheitlich angehen.

Was Du heute denkst, wirst Du morgen tun
Tolstoi

Wertschätzung

Selbstverständlich klingt hier jeder Mensch mit, der in meinem Leben eine Rolle gespielt hat, dennoch möchte ich mich ausdrücklich bei den Menschen bedanken, die beim Zustandekommen dieses Buches indirekt oder direkt mitwirkten.
Dies gilt meinen Freundinnen Heike und Heike, die es als erste gelesen haben und mir Feedback über die kurz- und langfristige Wirkung des Buches gegeben haben. Meinen Kindern, die wie so oft Nachsicht und Interesse gezeigt haben und meinem Mann und meiner Freundin Vero, die mich unterstützt haben bei der schrecklichen Arbeit des Layout. Margarita von der neuen Lernwelt, welche die Lücken stopfte.
Diese Menschen ermutigen mich grundsätzlich und ich sehe es als Privileg an, mit ihnen in Verbindung zu stehen. Danke Euch.
Von großer Wichtigkeit für mein Leben und dieses Thema ist mein ehemaliger Lehrer Jan Schlüter, ohne dessen geistige Weite und Klarheit ich kein Vorbild in der Bildung gehabt hätte, um mich progressiv und mutig zu entwickeln. Er hat mein Verständnis von Geschichte und Philosophie beeinflusst, was mir ermöglicht, durch verschiedene Brillen auf die Dinge

zu sehen. Er ist mein Motor bei der Entwicklung einer Schule in der echtes Lernen passieren wird.

Meinem Leben nochmals eine neue Richtung gab mir mein Mentor Dieter Graf-Neureiter, durch dessen Vorangehen ich mich fehlerfreudig zeigen kann, was mein Leben sehr entspannt hat und durch den ich eine Didaktik lernte, ohne erhobenen Zeigefinger und durch das eigene Beispiel etwas aufzuzeigen.

Mein Lektor Auro hat mit seinem umfassenden Verständnis und seinem BWL Hintergrund ebenso wie Steven Miloradovic mit seinem ganzheitlichen und philosophischem Wissen und kluger Kritik dieses eher ungewöhnliche Buch lektoriert und sie haben somit einen Schatz an Wissen mit mir geteilt. Auch meiner Homöopathin Frau Treutler-Walter möchte ich danken, denn durch alle Höhen und Tiefen begleitete sie mich und auch ohne sie hätte dieses Buch nicht entstehen können.

Ein paar Fragen

Wozu brauchen Sie Geld?

Von welchen Menschen würden Sie verlassen werden, wenn Sie deutlich mehr Geld hätten?

Welche Menschen würden Sie verlassen, wenn Sie zu deutlich mehr Geld hätten?

Welche Investition in Ihr Leben oder in Ihr Umfeld haben Sie zuletzt getätigt?

Auf welche Art wurde von Ihren Eltern in Ihr Leben investiert?

Wie ist Ihre Haltung zum Investieren?